龚继成

——滇缅交通史上的民族英雄

龚启英 著

内容提要

本书翔实地记述了抗日战争时期龚继成先生为了民族大义，不计个人得失安危，奋勇拼搏的感人事迹。龚继成先生在当时国家危难时刻，勇挑重担，先后出任滇缅公路工务局长，中印公路和中印油管工程处长并兼任多处军用机场的施工负责人。他凭着高超的筑路架桥技术和卓越的组织才能，团结、领导广大工程技术人员和筑路大军，克服千难万险，以最快的速度修复滇缅公路上跨越怒江天险的惠通桥，及时抢修滇缅公路被破坏的地段，同时争分夺秒地组织施工队伍抢筑中印公路和铺设中印油管，在盟军的支援下，终于打通了新的援华国际通道，为及时争取外援最终打败日本侵略军做出了卓越贡献。龚继成先生不愧为中华民族的抗日英雄，工程技术人员的风范楷模。

本书为中国抗战史和交通史提供了重要翔实的史料，具有一定的研究价值。同时，本书也适合广大读者和青少年阅读，是一本进行爱国主义教育和人生观教育的生动读物。

图书在版编目（CIP）数据

龚继成——滇缅交通史上的民族英雄/龚启英著. —北京：人民交通出版社，2012.6
ISBN 978-7-114-09849-9

Ⅰ. ①龚… Ⅱ. ①龚… Ⅲ. ①龚继成（1900~1945）—生平事迹 Ⅳ. ①K826.16

中国版本图书馆CIP数据核字（2012）第123977号

Gongjicheng——Dianmian Jiaotongshi shang de Minzu Yingxiong

书　　名： 龚继成——滇涵交通史上的民族英雄
著 作 者： 龚启英
责任编辑： 刘永芬
出版发行： 人民交通出版社
地　　址：（100011）北京市朝阳区安定门外外馆斜街 3 号
网　　址： http://www.ccpress.com.cn
销售电话：（010）59757969，59757973
总 经 销： 人民交通出版社发行部
经　　销： 各地新华书店
印　　刷： 中国电影出版社印刷厂
开　　本： 720 × 960　1/16
印　　张： 8.5
字　　数： 90 千
版　　次： 2016 年 3 月　第 1 版
印　　次： 2016 年 3 月　第 2 次印刷
书　　号： ISBN 978-7-114-09849-9
定　　价： 25.00 元
（有印刷、装订质量问题的图书由本社负责调换）

龚继成先生事迹简介

龚继成先生（1900—1945），毕生致力于铁路、公路交通建设事业。抗日战争时期，他远赴云南修建滇缅铁路，后出任西祥公路[1]工程处副总工程师和呈贡军用机场工程委员会主任委员，均提前完成任务。1942年，日军攻占滇西，当时唯一的国际通道——滇缅公路被切断，外援受阻，抗战形势危急。继成先生不畏艰险，勇挑重担，出任滇缅公路工务局长，以及远征军工兵指挥部副指挥官等要职。他奉命与盟军配合抢修被破坏的滇缅公路，兴修了中印公路和中印输油管，有力地支援了远征军打败并驱逐入侵滇西的日军，从而重新打通了国际战略运输通道，及时获得外援物资，为打败日本侵略军做出了卓越贡献。但是，由于长期担任紧急工程任务，继成先生呕心沥血，不顾疲劳，致罹高血压症，于1945年11月22日患脑溢血，不幸与世长辞，年仅45岁。时年，国民政府交通部为纪念先生功绩，特将新建跨越怒江的“惠人桥”命名为“继成桥”。

---

[1] 西康省西昌（今属四川省）至云南祥云公路。

序　言

在中国的抗日战争时期，谁也不曾想到，地处我国西南边陲大后方的云南省会成为抗日战争的前线，滇西地区会成为抗日军民与日军进行殊死交战的疆场。抗战初期，日本侵略军凭借军事优势侵占了上海、南京、武汉等大城市，并对我国沿海港口实施全面封锁，企图困死中国。当时只有云南省内的滇缅公路可与外界连通，援华物资可从缅甸的仰光从陆路运至昆明，该公路被视为“抗战的命脉”。日军把滇缅公路视为“眼中钉，肉中刺”，反复对该路实施野蛮轰炸，并出兵攻占仰光，进而北上侵占缅北和滇西大片土地，掐断了滇缅公路。从此，中国内地战略物资紧缺情况更趋严重，抗战形势危急。

为了挽救危局，我国和盟国商定在滇西和缅北对日军进行大反攻。在全力争夺保卫滇缅公路的同时，开辟新的援华陆路交通线和空中走廊，抢筑从印度经缅北进入云南的中印公路和中印油管，抢修和兴建战时机场，以支援中国抗战。当时，敌我双方的战略意图都很明确，我方坚决实施“反攻筑路”计划，日军则竭力破坏我方开辟新的国际通道。

本书翔实地记述了龚继成先生在当时国家危难时刻，不计个人得失安危，为了民族大义，奋勇拼搏的感人事迹。龚继成先生勇挑重担，先后出任滇缅公路工务局长，中印公路和中印油管工程处长并兼任多处军用机场的施工负责人。先生凭着他高超的筑路架桥技术和卓越的组织才能，团结、领导广大工程技术人员和筑路大军，克服千难万苦，以最快的速度修复滇缅公路上跨越怒江天险的惠通桥，及时抢修滇缅公路被破坏的地段，有力地支援中国远征军打击滇西的日军并把他们赶出国门。同时争分夺秒地组织施工队伍抢筑中印公路和铺设中印油管，在盟军的支援下，终于打通了新的援华国际通道，为及时争取外援最终打败日本侵略军作出了卓越贡献。龚继成先生不愧为中华民族的抗日英雄，工程技术人员的风范楷模。

中印公路和中印油管的建成，是我国和盟军合作完成的伟大创举，是第二次世界大战史上的一件大事，它彻底粉碎了日本侵略军妄图切断我对外交通，迫使中国屈服的迷梦，使中国从防御转为反攻，同时对东亚和太平洋战局也产生了重大积极的影响。我国远征军将士和筑路队的工程技术人员施工队伍以及滇西民工们表现出的英雄气慨和他们建立的伟大功绩将永远为后人纪念。

本书作者龚启英是龚继成先生的长子。在父亲的熏染下，他考进了当时搬迁内地的唐山交通大学。在大学期间曾去滇西腾冲中印公路施工现场实习一个月，亲眼目睹施工队伍和民工们奋力抢筑中印公路的动人场面。为了使更多的人了解龚继成先生、了解我国军民在滇西反攻筑路中的英雄事迹，龚继成先生的长子撰写了《龚继成——滇湎交通史上的民族英雄》一书，以飨读者。

本书为中国抗战史和交通史提供了重要翔实的史料，具有一定的研究价值。它也适合广大读者和青少年阅读，是一本进行爱国主义教育和人生观教育的生动读物。

交通运输部公路科学研究院教授级工程师 国天逵

2012年8月

目 录

第一章 立志交通

Li Zhi Jiao Tong

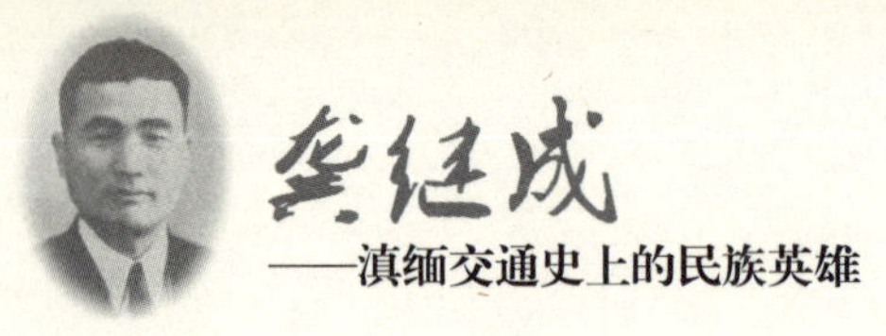

龚继成

——滇缅交通史上的民族英雄

抗日战争时期，有一批满怀爱国热情的工程技术人员，在极其艰难的条件下，不顾个人安危，奋战在紧急工程的第一线，为战胜日本侵略者做出了重要贡献，龚继成工程师就是其中杰出的一位。

龚继成先生，字骏声，1900 年 7 月 8 日出生于江苏省海门县长乐镇的一个农民家庭。民国初期，军阀混战，帝国主义列强在中国肆虐，中国的爱国知识分子倍感屈辱，很多先进的青年立志报效祖国，勤奋学习，走科技救国道路，为振兴中华民族而努力。1919 年，继成先生远离家乡，投考了唐山交通大学。

唐山交通大学的前身，系唐山路矿学院，她是中国早期培养铁路、公路交通和采矿方面人才的高等学府。时年，讲课的老师都是在国外留过学的专家，学员们所用教科书都是国外出版的，全部用英文讲学，要学到和掌握这些技术，当时学员们的付出是可想而知的。先生入学的学号是 891 号。继成先生于 1923 年毕业，分配至津浦铁路北段工作，后被派去沈海铁路任工程师。1929 年又被调往杭江铁路（后改称为浙赣铁路）担任测量队队长。测量工作结束后，先后任浙赣新造铁路尖山江桥工处负责人，金华工

龚继成在新疆考察

段段长。1933 年，国民政府铁道部派先生与尤寅照[1]先生去西北新疆，参加瑞典地质探险家斯文·赫定[2]带队和中国地质学家陈宗器[3]参加的科学考察团。先生和尤寅照在考察团中负责勘察西域路段和兰新铁路兰新公路的路线。考察团历时两年，途经荒无人烟、无草无水的荒漠戈壁地带，几经断水缺粮。先生曾亲自动手打了一口井取水，被考察团成员命名为“龚井”。考察工作不仅充满艰辛，而且还很危险。在途中，他们曾遭到当地军阀的无理监禁，后经多方周旋才得以脱险，顺利完成了考察任务。

1935 年，继成先生调任陇海铁路工程局第一总段担任总段长，负责兴修由西安至兴平段铁路。在辖境内，铁路途经咸阳渭河，在渭河上需建一座全长 500 米、16 孔、26.1 米下承式钢桥，限期在次年汛期前完成施工。为了加快进度，先生将工程总部由西安迁至渭河旁，就地指挥施工。经过钻探，施工队发现河床为砾卵石堆积层，坚硬密实，桩木难入。先生与技术人员研究，

龚继成与陈宗器在新疆勘测

---

❶ 尤寅照，出生于无锡。他是近代著名的铁路工程师。

❷ 斯文·赫定（1865—1952），是瑞典籍的世界著名探险家。

❸ 陈宗器（1898—1960），地磁学家、地球物理学家。为我国的地球物理事业，特别是我国的地磁事业的开创和发展做出了卓越的贡献。

并参考有关资料，决定采取用高压水冲开卵石层，然后再进行打桩，突破了技术难关，按期完成了建桥任务。

由于当时继成先生在选线筑路方面已颇具声望，1937年初，国民政府铁道部派先生勘测由宝鸡至成都的新铁路线。测量队首先用飞机进行航空测量。这在当时是最先进的勘测方法。并继以陆地测量。翻越秦岭，坡陡谷深，山高林密，选线甚为困难。时值隆冬，气候严寒，先生不畏艰难，率领测量队员，坚持工作，拟选了几条穿越秦岭的线路，为以后修筑宝成铁路提供了宝贵的基础资料和线路方案资料。

1937年7月7日，日本侵略者挑起“卢沟桥事变”，发动了全面的侵华战争。并叫嚷在短期内征服中国，气焰极其嚣张。在这民族存亡的紧急关头，国共两党建立了抗日民族统一战线，一致对外，奋勇抗日，粉碎了敌人速战速决的梦想。

抗日战争爆发后不久，先生被调去郑州任全国铁路运输工务处副处长，配合军运。1938年初，国民政府铁道部与交通部合并，先生又被调到汉口交通部技术厅，负责新铁路线设计。为了加强与国外的连通，国民政府交通部计划修建滇缅铁路，委派曾养甫[1]为滇缅铁路督办，组织实施筑路计划。先生被召去云南进行该路的新建工程。

当时在抗日战线的正面战场上，国民政府虽然失守了上海、南京、武汉等大城市，但仍保持着完整的抗战体系。在华北，共产党领导的八路军在山西、河北等地不断地从侧翼打击日军，牵制住日

[1] 曾养甫（1898–1969），原名宪浩。曾督办修筑滇缅国际公路。学者称其为“中国土木水利（交通）建设之父”、“孙中山建国方略实践第一人”。

滇缅公路

军大量兵力，使之不能脱身，从而减轻了日军在正面战场上对国军的压力。当抗日战争进入了相持阶段时，日军在短期内无法打垮中国，于是对中国实行全面封锁，控制了中国沿海的全部港口，企图困死中国，逼中国投降。在抗战初期，苏联增派飞机支援中国抗战，后因全力抗击法西斯德国的侵略无力援华。当时只有从云南昆明至缅甸公路，和昆明至越南的滇越铁路可与外界连通，但在1940年日军侵占越南河内，

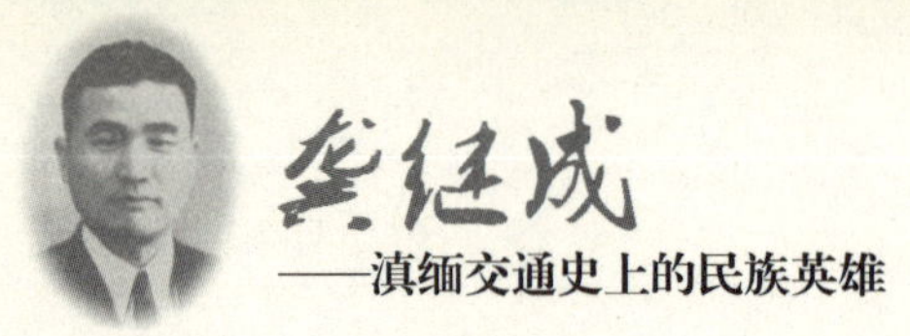

滇越铁路被掐断。这时滇缅公路就成了唯一可与外界连通的陆路通道。这条公路从我国的昆明至缅甸的腊戍，全长1146公里。再从腊戍南下可直达缅甸的仰光港口。云南省自1924年开始修建滇缅公路，公路分东西两段。东段从昆明至下关，于1935年修通。抗战开始后出于战略需要，蒋介石催促云南省省长龙云紧急修筑滇缅公路西段，从下关往南进入缅甸境内。在修筑公路时，由于工期紧，施工条件差，疾病工伤频发，滇西人民克服重重困难，做出很大牺牲，才于1938年8月修通了滇缅公路。修建滇缅铁路是为了让更多的援华物资从缅甸进入中国。为了增大运输量，知名爱国华侨陈嘉庚先生曾号召组织东南亚华侨组成车队奔驰在滇缅公路上，该路当时成了支持抗战最重要的运输命脉。

龚继成任滇缅铁路工务第二总段总段长

同年，先生出任滇缅铁路工务第二总段总段长，辖境在昆明以西七十公里。地处崇山峻岭，地形复杂。当地人烟稀少、物资缺乏，先生力主就地取材。没有水泥，烧制红土，用红土石灰代替；没有枕木就地伐树砍制。在辖境三十公里范围内，就有隧道四处、高架桥七座，都是在他自力更生、就地取材的方针下完成的。另外，当时国民政府还准备修建新疆至苏联的铁路，于是先生聘请了老师组织大家在业余时间学习俄文和回文。这在当时是难能可贵的。

在先生管辖内的铁路工程已接近完工时，国民政府交通部又调先生主修从云南北上进入四川的西祥公路。当时，从滇缅公路运输的物资到达昆明后，如欲转运至重庆或成都，须东去贵阳再北上入川，要

民工修建西祥公路

绕一个大弯，费时费钱，交通部计划从滇缅公路上的祥云县修一条北去西昌的公路，这样可使抗战大后方四川更有效地接收外援物资。先生接到任命后立即组织勘察队伍进行实地勘察，很快就确定了新修线路的走向，并携路线图去重庆汇报定案。

1940年12月，西祥公路开工。国民政府当局任命杜镇远为该路总工程师，张海平、龚继成为副总工程师，龚继成还兼会理筑路处主任，负责川康境内264公里的公路施工。先生集中技术力量对重点桥涵工程进行优先施工，同时在全线采取分段包干，由各段施工骨干组织带领民工抢修。八个月后，全长548.7公里的西祥公路建成通车，受到国民政府交通部的通电表扬。

西祥公路建成通车后，先生被调回滇缅铁路继续修筑铁路，担任西段第二工程处处长，这时铁路已修至云南西部。当该段工程正在进行之际，太平洋战争爆发，美英对日宣战。日本处心积虑地想封杀滇缅公路，于是借机大肆进军东南亚，肆无忌惮地进攻英国的殖民地缅甸。日军很快攻占了缅甸首都仰光。中国远征军和英国盟军未能阻挡住日军的进攻，兵败缅甸战场。日军北上侵占了云南的龙陵和滇西大片土地，滇缅公路被切断，滇缅铁路被迫停建，抗战形势十分严峻。

第二章 建设呈贡机场

Jian She Cheng Gong Ji Chang

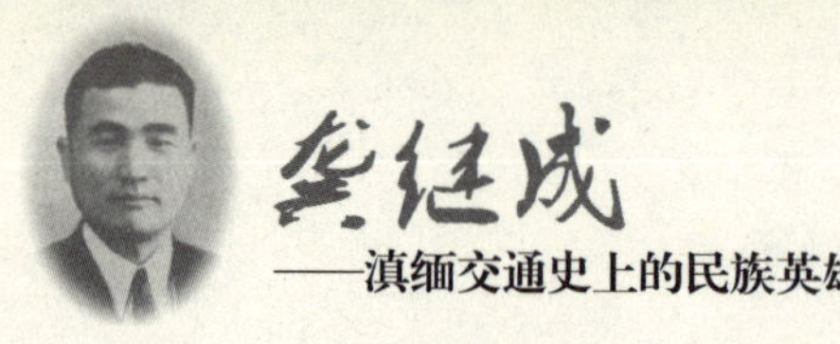

龚继成

——滇缅交通史上的民族英雄

1942年，抗日战争局势发生了重大变化。

1941年12月7日，日本偷袭美国珍珠港，随即美、英对日宣战，太平洋战争爆发。于是，在中国内陆日军大举南进，12月15日占领香港。至1942年初，东南亚各地先后沦入日军之手。2月底，日军从泰国入侵缅甸，仰光告急。英国为保住它的殖民地——缅甸，要求中国国民政府派出远征军共同在缅甸抗击日军。为保住滇缅公路这一唯一的国际通道，国民政府同意派兵会同英军共同抗击日军。国民政府任命杜聿明[❶]为远征军司令，紧急调集三个军，冲出国门直奔缅甸仰光援守。当时来华不久的美国约瑟夫·史迪威（Joseph Stilwell）[❷]将军被任命为美国总统的军事代表、美国援华物资监管人，以及中缅印战区总司令等要职，从重庆飞抵缅甸统一指挥中英军队的对日作战。但是，英军很快败下阵来。2月8日仰光失守，中国远征军在缅甸同古一带与日军展开激战，重创敌军，并准备在曼德勒与日军会战。但日军以闪电战术由泰国北部西进，插到远征军的侧背。4月29日，日军攻占缅北城市腊戍，切断了远征军的后路。为了打破日军包围，远征军向西撤退，大部分从缅北野人山[❸]十分艰难地回国，损失惨重。另一部分远征军孙立人[❹]部随史迪威将军撤至印度。日军随即向我国国境进

---

❶ 杜聿明（1904年11月28日—1981年5月7日），国民革命军陆军中将，著名抗日将领。

❷ 约瑟夫·史迪威（Joseph Stilwell，1883—1946），1904年西点军校毕业，第二次世界大战的珍珠港事件之后，史迪威被派到中国，先后担任中国战区参谋长、中缅印战区美军总司令、东南亚盟军司令部副司令、中国驻印军司令、分配美国援华物资负责人等职务，后被晋升为四星上将。

❸ 野人山，位于缅甸最北方，是一片未被开发的原始森林。由于山大林密，瘴疠横行，据说原来曾有野人出没，因此这片方圆数百里的无人区统称为"野人山"。

❹ 孙立人（1900—1990），中华民国陆军二级上将，抗日名将、军事家、民族英雄。在打通中缅公路中声誉鹊起，被欧美军事家称作"东方隆美尔"。

机场待命的美国航空队

发，云南的畹町、遮放、龙陵等地相继失守。5月5日，日军先头部队已抵达位于滇缅公路（中国段）联接怒江两岸的唯一通道——惠通桥，企图越过怒江向东进军攻击昆明。在这千钧一发的时刻，该桥守卫工兵立即炸毁惠通桥，“轰然”一声，东岸桥塔和主索全毁，桥面坠江。日军企图多次强渡怒江，均遭我军阻击未能得逞，于是形成隔江对峙的局面。

飞虎队在滇西打击日军

仰光被日军攻占，滇缅公路被切断，盟国援华物资无法从陆路进入中国，抗战形势骤然紧张。

于是，美国决定加强空运支援中国抗战。史迪威认为当务之急是美国航空队应

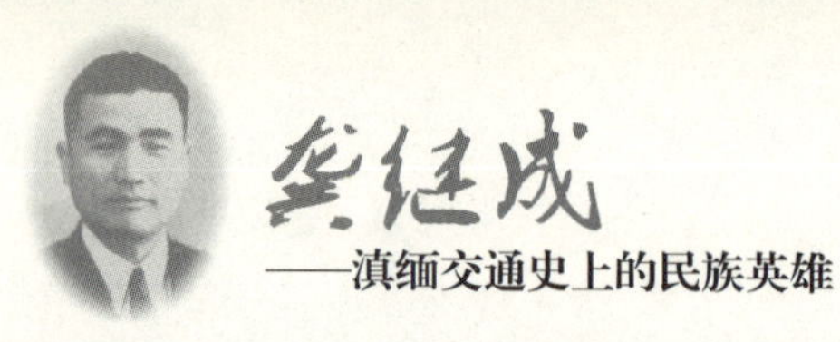

飞虎队员及其战机

开辟新的航线，增加运输机的数量，运送中国急需的汽油和其他军用物资。同时立即筹划反攻缅甸日军，修筑从印度经过缅甸进入中国的陆路交通线，为滇缅公路另找新的跨国境通道。

1941 年，克莱尔 · 李 · 陈纳德（Claire Lee Chennault）[1]将军率领航空志愿队来到中国，在仰光和昆明之间运送援华物资。1942 年仰光失守，改由从印度的汀江（Dinjan）和萨地亚（Chabua）机场起飞

[1] 克莱尔 · 李 · 陈纳德（Claire Lee Chennault），美国空军中将，抗战时期美国援华空军"飞虎队"队长，二战期间美国著名的空中英雄。

飞向昆明。当时，中国人对美国航空队非常欢迎，因为他们在昆明上空看到了画上了鲨鱼牙齿的美国飞机在空战中击落日本轰炸机的情景。报刊上人们常称陈纳德的航空志愿队为“飞虎队”。这是由于中国古谚有“云从龙，风从虎”之说，虎而能飞，腾云逐日，必然威猛无敌。因此用来奖誉他们作战勇敢。“飞虎队”不断得到来自美国志愿者的支持，他们从美国多个州远渡大西洋来到印度的空军基地，加入到“飞虎队”的行列。飞机数量和机种不断增加，战斗机、轰炸机的比重也有所增大，在很大程度上提高了运输力和战斗力。在这一形势下，昆明原有的巫家坝机场已不能满足需要，迫切需要新建军用机场。国民政府决定在昆明附近的呈贡建新机场，并委任龚继成为呈贡机场施工委员会主任委员。先生上任后，立即组织施工队伍进驻呈贡。在施工前，先生和几位技术骨干在昆明拜访了陈纳德将军，听取他对新建机场的建议和要求。为了满足重型轰炸机的起降，陈纳德要求机场跑道要能承受较大的冲击力，长度应达到2000米，机场要建有若干机库，供飞机的维修和零件的存放，希望呈贡机场能建成亚洲的一流军用

民工推拉石碾修筑机场场面

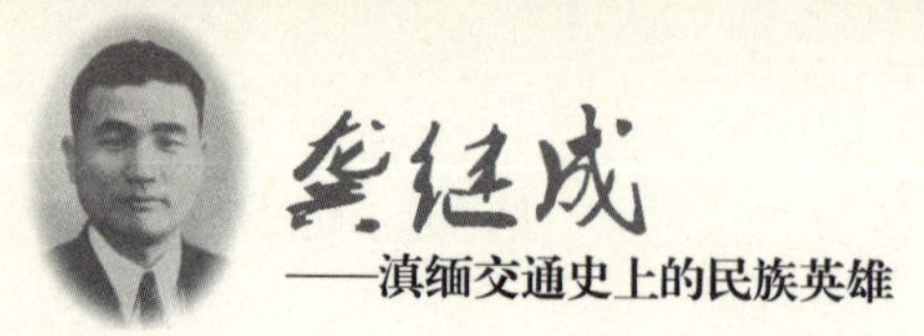

机场，并盼望能早日建成。先生表示中国机场施工队定会作最大努力完成陈将军的要求和期望。

为了听取飞行员对新建机场的要求和建议，先生组织了一次工程委员与在昆明的部分飞行员之间的座谈会。飞行员希望能在机场附近建设有较为舒适的宿舍和娱乐场所。如果在休息的时候能痛快地洗上热水澡，吃上可口的饭菜，能打打篮球，玩玩桥牌，听听音乐，就会少想家，这样会更好地完成飞行任务。

用石碾滚压跑道是机场施工中劳动强度最大的作业

为了更好更快地完成机场建设，先生

移驻工地亲自指挥施工，经过对周边地形的测量确定了机场跑道的走向和跑道的起点和终点。当时昆明缺乏水泥和推土机、压路机等施工材料和机械，先生和张海平等工程师研究采用在泥土中掺拌石灰并加厚跑道厚度，分层夯实的方法来增加跑道的承载力。组织众多的民工挑运泥土和碎石，同时调集大型石碾用人力牵引来压实跑道。石碾直径约为 1 米，重量约有 3 吨，在松软的土路上滚动需要很大的牵引力，用石碾滚压跑道是机场施工中劳动强度最大的作业，需要 40 多人分成左右两排用很粗的纤绳来拉动石碾前进，并且在跑道两侧都打有标示施工控制高程的木椿保证跑道在横向和纵向都位于水平状态。此外还需要两个人掌舵，按照前方工头的指挥调整前进的方向。民工们无不汗流如注，非常辛苦。

在离跑道不远处修建了 12 个机堡，机场周边还建设了宿舍、小卖部、理发店、篮球场等服务设施。经过 63 天紧张的施工，施工队提前完成了具有 2 公里长跑道的军用机场任务。呈贡机场的建成在很大程度上提高了“飞虎队”空战能力和空运效率，成为美空军在华最重要的基地。同时改善了飞机的维修条件。损坏的飞机不再在露天进行修理，可以入机库维修，而且有条件贮备更多的飞机零部件。飞行员的生活休息条件也得到了改善，美国飞行员常邀请中方机场工作人员赛篮球、打桥牌。同时机场周边也开始繁荣起来，在市场上常会看到外国商品。

之前，美国航空队的飞机可以从印度汀江机场起飞向东直飞昆明，自从日军攻占缅北重镇密支那后，日本的战机不时从密支那机场起飞拦击飞向中国的运输机，航空队的飞机多次被击落。为了减少损失，航空队不得不另辟新航线。经过研究决定将航线北移，越过喜马拉雅山、高黎贡山和横断山脉，沿途群山起伏，状如驼峰，故称“驼峰航线”。呈贡机场也被称为“驼峰机场”。驼峰航线通航

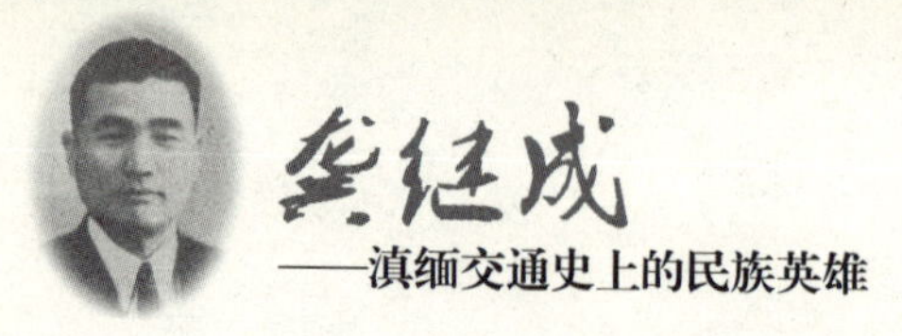

之初的抵达站与货物集散地主要集中在昆明呈贡（Cheng Kung）机场。

承担驼峰空运任务的是美国空运大队和中国航空公司。1942 年 4 月，中国航空公司试航“驼峰航线”成功。“驼峰航线”沿途群山壁立，山阴处白雪皑皑，峡谷中冰缝泻玉。飞机在山体映衬下状似纸鹤飘浮，显得是多么的渺小、脆弱与危险。由于绕飞，新航线从印度至昆明的飞行里程比原先的 820 公里增长了 330 公里，飞行时间也增多了半个小时。这一航线一直延用到 1945

呈贡（Cheng Kung）机场

年抗日战争胜利。

1943年3月，“飞虎队”并入美国现役空军第14航空队。陈纳德晋升为少将衔司令。陈纳德早先是美国陆军航空队退役上尉，后来接受宋美龄的邀请来华担任中国航空建设委员会的“顾问”。1940年8月，陈纳德返美招募300名空地勤官兵，并购得100架P40战机，组成了“中国空军美国志愿大队”，并应聘担任这支民间性质的航空队的司令，升为中国空军上校。“飞虎队”并入美国空军14航空队后，飞机的数量增多了，陈纳德进一步加大了援华物资的空运量，并扩大了作战范围。“飞虎队”从建立到解散期间先后作战50余次，击毁日机296架，歼灭大量日军地面部队，飞虎队只损失飞机4架，取得了骄人的战绩。

中航运输机在驼峰线上试航

在驼峰航线上飞行是世界上最为危险和艰难的飞行。在航线上，山的高度一般海拔在3500米至6000米左右，深涧峡谷多，怒江、澜沧江、金沙江在崇山峻岭间穿过，并且野人山地带有大片的原始森林。据老飞行员介绍，由于地形复杂使空气流向不稳，急剧上升或下降的气流在一瞬间可以使飞机升降几十米甚至几百米。而且气候变化莫测，夏秋季节雨季时间长，常有浓雾，有时

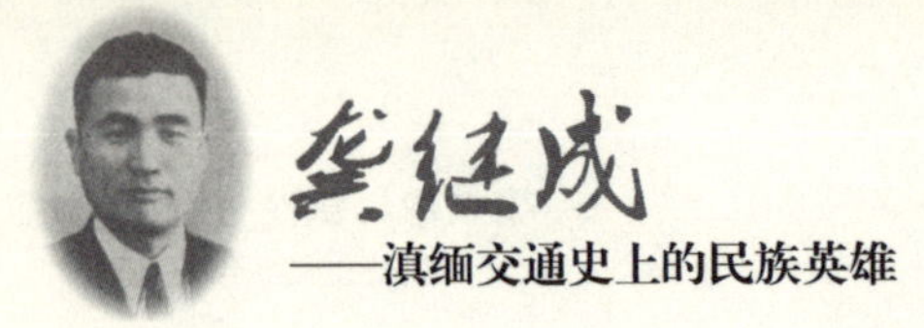

能见度几乎为零。雨季常伴有强烈的大风，风速有时可达每小时200公里。如遇到逆风时，飞机就像停留在空中不动似的。在雷雨季节，密集的云朵凝结成冰，形成“冰幕”最为可怕，如飞机被冰幕包围就很难脱险，屡屡发生飞机坠落事件。

一位牺牲了的美国飞虎队员的妻子，她名叫切克马斯昆英（Chick Marrs Quinn），她所写的《铝谷》（The Aluminum Trail）一书中叙述1942年至1945年期间，在中国牺

美B-24型轰炸机机组人员在呈贡机场

史迪威将军（左）与
陈纳德将军（右）

牲的美国飞行员的英勇事迹。在抗战中，共有 214 架美国飞机在“驼峰”坠毁，飞机的残骸七零八落地散布在陡峭的山崖上，而被人们称之为“铝谷”。在晴朗的天气，飞行员可以清楚地看到这些闪闪发光的铝片。该书封面是一架美国飞机坠落在驼峰山谷中的照片。也有将该书的书名翻译成《铝迹》的。

美国 C47 运输机飞越驼峰

据资料记载，从 1942 年 5 月“驼峰航线”开通至 1945 年抗战胜利为止，美国空运大队从印度运到中国各种物资共 65 万吨，中航飞机从印度运到中国物资共 5 万余吨。美国损失飞机 563 架，中国损失飞机 46 架。在驼峰空运期间，有 1579 名美国飞行员英

The Aluminum Trail

How & Where They Died

China-Burma-India
World War II
1942 -1945

Chick Marrs Quinn

《铝迹》一书封面，照片上冒烟的地方是坠毁的美国飞虎队的飞机

勇捐躯。他们的名字和英勇事迹将被后人永远铭记和怀念。

为了更多地接纳空运外援，并为美国空军扩大作战范围，中国国民政府军事当局急需在国内修建更多的军用机场。当局委任龚继成为军事委员会工程委员会总工程师，兼任广西丹竹，四川简阳、绵阳、白市驿军用机场工程处处长。先生当即组织呈贡机场的骨干技术人员分赴各机场开展建场工作，结合当地的具体情况推广呈贡机场施工经验。先生在介绍呈贡经验时，强调机场的修建要抓紧施工进度，力求早日完成修建任务。首先要迅速勘测选定机场位置和跑道走向，跑道两端附近不应有高建筑或山陵高丘，以利飞机安全起降，跑道应选择地势较高不易积水的地基上，施工前应在跑道前后左右埋插木桩，标明水平高度，跑道的耐压和抗击能力应能满足运输机和轰炸机的起降。在缺乏水泥的地区可采用白灰参合黏土来代替。因地制宜选择多种碾压夯实机具来铺设跑道。机场应同时修建机库以满足飞机维修的需要和汽油、零件的储存，以及飞行员生活后勤所需要的设施。要时刻想到机场的早日建成定会扩大我国和

飞虎队击落日军飞机

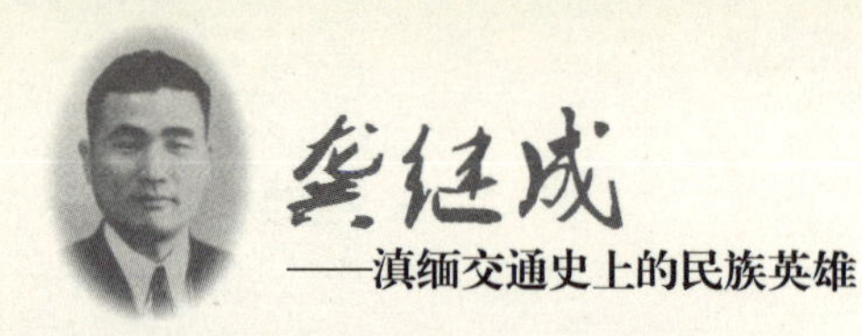

盟国空军的作战范围，早日阻止日机对我城市居民区的野蛮轰炸。以上机场分别在1942年和1943年按期完成。这些为数众多的军用机场的修建，为美国航空队在抗战中得以更好地发挥起到了重要作用。

水准仪

在赶修公路和机场过程中，先生深感测量仪器的缺乏对勘测和施工的影响。当时经纬仪和水准仪等测量仪器都要从国外进口，很是稀少。为了解决这一难题，先生要求具有测量经验的陈庭祐工程师负责组织研制小组，研究试制经纬仪和水准仪。由于它们都是精密的光学仪，对制造工艺要求很高，研制难度很大。

经过一年多的努力，在昆明北平研究院严济慈先生和五十一兵工厂的协助和支援下，终于试制成我国第一台经纬仪，经中国工程学会鉴定通过。后来又在昆明制造了一批经纬仪和水准仪。这些仪器的制造成功对解决缺乏测量仪器的困难，起到积极作用。当仪器试制成功后，先生高兴得如同小孩一样，不停地抚摸、操作仪器，爱不释手。

第二章
滇西反攻复路

Dian Xi Fan Gong Fu Lu

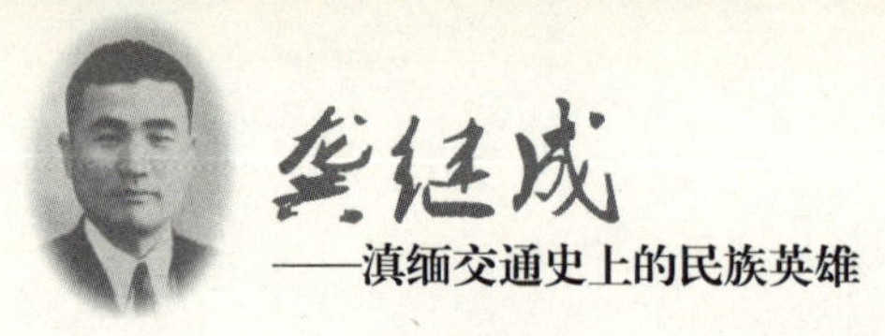

——滇缅交通史上的民族英雄

1942年5月5日，日本侵略军侵入云南，先头部队进至惠通桥西岸，企图越过怒江沿滇缅公路长驱直入，进逼昆明。在这千钧一发的时刻，惠通桥守桥工兵指挥官马崇六果断地下令将桥炸毁。一声巨响，东岸桥塔顶部被炸裂，钢索被炸断，桥面坠落怒江之中，日军被阻于西岸。日军曾几次试图强渡怒江，均被及时赶到的国军击退，以致形成两军隔江对峙的局面。工兵指挥官马崇六由于炸桥有功被视为抗日英雄。

惠通桥的“通”与“断”直接关系到抗日战争的前途，因此该桥具有重要的军事价值。

云南省原来是抗日战争中的大后方，现在变成了抗日前线，云南人民经受着莫大的战争苦难。怒江西岸很多老百姓在日军入侵时仓皇逃难，公路上乱成一团，又遭敌人追杀，死伤无数。滇缅公路的职工在撤退时也有好几位牺牲。滇西人民在日军占领期间一直过着水深火热的日子。

盟军在缅甸会战失败后，史迪威将军和中国远征军孙立人部退入印度境内。不久，史迪威在离加尔各答西北200公里的蓝姆伽兵营建立了训练基地。中国在印远征军全部更换为美式装备，使用美国武器，接受美国式军事训练。美军从中国大学中征集了一批具有一定英语水平的大学生去印度集训，以后成为中美间的翻译官。中国远征军在经过训练后战斗力得到很大的提升，很快成为反攻缅甸日军的主力军。

缅甸被日军占领后，滇缅公路这一唯一能运进援华物资的陆路交通线被切断，唯有依靠美国的“飞虎队”和14航空队向中国空运援华物资，但空运量毕竟有限，中国仍在极其艰难的情况下坚持抗战。

在总结缅甸会战失败原因时，史迪威了解到中方计划在印度另

滇缅公路路线示意图

图	例		
桥梁	1.昆明—下关	411.6公里
公路	2.下关—畹町	547.8公里
国界	3.畹町—腊戍	186.7公里

资料来源：云南民族出版社 2001 年 6 月出版的《保山地区变通志》，第 144 页。

找一个进口来替代仰光的意向后，拟定了下一步作战计划，即“反攻加筑路”计划。内容为：在中、美、英三国共同在缅北攻击日军时，同时修筑以印度列多为起点沿缅北丛林到密支那东直至进入云南腾冲的中印公路，支援中国抗日战争。这一反攻筑路战略，经多方协商，终于取得共识。1943 年 8 月，在加拿大魁北克盟军会议上，中、美、英三国一致决定在秋季开始实施盟军合力反攻缅北的军事行动，并尽快修筑中印公路并铺设中印油管。

由于缅甸的失陷，滇缅公路转向印度开辟新的进口源头，整个中印缅战区的战事，实质上是一场打通战争交通命脉的交通战。盟军一方尽全力抢建中印公路，日军则竭力不让中印公路建成。

当时，由于龚继成先生具有高超的选线、建桥和筑路才能，出色地完成了多项紧急工程，在中国工程界颇具名声。同时先生手下有一批得力的工程技术骨干和一支能打硬仗的施工队伍，甚为国民政府当局器重。1943 年春，当局委任龚继成为滇缅公路工务局长兼总工程师，兼任中印公路工程处处长，以及中印油管工程处处长等要职。先生临危受命，勇敢地挑起这一连串的重担，并立即行动组建施工班子。当时，在西南后方有不少社会上的工程技术人员主动找上门来，表示愿意在滇西为抗战出力。先生对他们的到来都表示欢迎，同时提醒他们这些都是紧急军事工程任务，工期紧迫，不仅工作生活条件十分艰苦，而且在前线施工会冒生命危险，如果没有充分的思想准备，还是不要进来为好。但多数人都执意要留下，先生均按其特长给予安排。

1943 年秋，苏联粉碎了纳粹德国的进攻，开始进行战略反攻。在西欧，美英联军正准备在法国登陆，美国在太平洋战区对日军展开反攻。形势对日军越来越不利，于是在 1944 年春，日本在中国正面战场上进行了侵华战争以来最大规模的进攻，企图一举打败中国，逼中国投降。日军沿粤汉线向长沙进攻，相继攻占长沙、衡阳并沿湘桂线攻陷桂林、柳州。日本的先头部队到达贵州的独山，贵阳告急，重庆吃紧。中国抗战再次陷入了危机关头。

在这关键时刻，盟军抓紧了反攻筑路战略的实施。在印度的中国远征军孙立人部简称中国远征军“X 军”。从列多向东进发，很快进入缅北境地，经过激战，突破了日军的多道防线，于 1944 年 5 月中旬推进至孟拱郊外。在云南新上任的国内远征军司令卫立煌[1]接到进行反攻滇西的命令后，当即指挥他所领导的以霍揆彰[2]为司令的第二十集团军和以宋希濂[3]为司令的十一集团军立即开赴怒江东岸伺机渡江展开反攻。这支国内远征军简称“Y 军”。在一年多的备战时期中，他们不断用空运回来的美式装备和武器武装部队，同时在各团级以上的指挥部均派驻有美军联络小组，加强盟军之间的通讯和相互间的配合，战斗力较之以前有了显著的提高，士气也很高涨。“Y 军”的目标很明确，就是将日本侵略军赶出云南，收复失地，与国外的“X 军”在缅甸会师，抢筑中印公路，争取外援坚持抗战。

滇缅公路西段地势复杂，桥涵险坡很多，修桥复路的任务很繁重，特别是要尽早抢修惠通桥以保证能及时对在前线作战的部队提供后勤支援。当局在反攻开始前，任命龚继成为国内远征军工兵指挥部副指挥长，使远征军能在统一指挥下按时完成反攻筑路任务。

先生在就任滇缅公路工务局长之后，就开始着手实施滇缅公路的修桥复路工作，先在保山成立了抢修总队，抢修总队下设三个抢

---

[1] 卫立煌（1897—1960），抗日爱国将领，国民党陆军二级上将。

[2] 霍揆彰，湖南酃县人。黄埔军校第一期毕业，第十一兵团司令官，国民革命军陆军中将。

[3] 宋希濂，湖南省湘乡县人，抗日名将，中国国民党著名将领，国民革命军陆军中将。

1944 年 5 月，滇西抗战反攻前夕，中、美公路技术专家龚继成（左一）、黄京群（左二）、李温平（中）、美军上校陶荪（右一）在怒江桥头研究反攻复路

修分队，即惠畹抢修队负责抢修惠通桥至畹町长 200 公里的地段；畹腊抢修队负责抢修畹町至腊戍长 187 公里的地段；龚继成还建立了畹八抢修队负责抢修木姐至八莫长 150 公里的地段。各抢修队的任务是事先熟悉该段桥涵的技术资料，准备好抢修物资，配合远征军进攻，随部队抢修公路和桥涵，保持前后方的军事行动和物资供应的畅通无阻。工务局同时派出以陆永汉为队长的测量队对保山至惠通桥路段的破坏情况进行实测。该段线路在日军进至惠通桥时，为了防止日

军渡江沿滇缅公路东进，军民合作对它进行了强行破坏。惠通桥东岸 K734~K759 段和 K709~K734 段被彻底破坏，207 处涵洞和 10 座桥梁全被破坏。现在要完整地修复这段公路的工作量很大。1944 年夏，先生组织工程技术人员和保山市召集起来的数千民工突击抢修这段公路。当时对岸日军不断炮轰东岸抢修队，但民工们并不害怕，他们中间有不少参加过先前的破路工作，已经能从炮弹飞来的声音判断炮弹的落点，当炮弹从头顶上划过去，将会落在别的地方时，他们不惊不躲，照常干活；当判断炮弹将落到自己的身边时，才高声地相互提醒着："快散开！"迅速跑到路边的沟边、坎旁蹲

当年的惠通桥

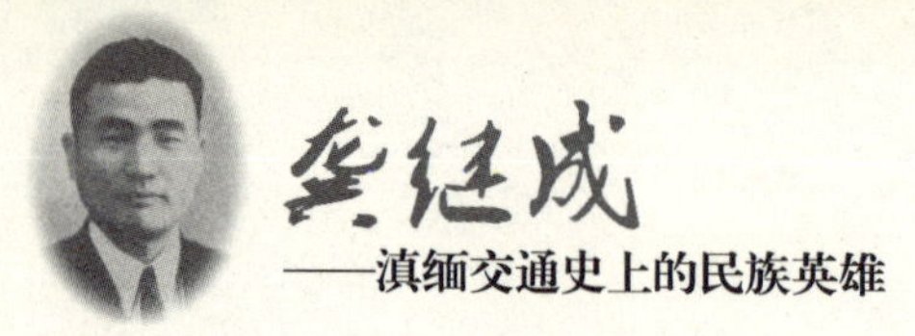

下。以前破路的时候，民工们迫于无奈，而现在他们知道修路是为了大反攻，把日本侵略者赶出云南，因此士气很高，进度很快。

抢修惠通桥是整个反攻筑路战略中的重中之重的任务。它是国军进入滇西抗日战场打通国际援华通道必经的关键桥梁。为了落实抢修计划，先生与黄京群、李温平工程师会同美国驻盟军司令部供应局副局长柯

日机轰炸滇缅公路

1940 年 9 月开始，日军飞机 6 次轰炸惠通桥情形

烈斯和参谋陶苏上校在反攻前去惠通桥视察。为了避开日军的炮火，他们在离惠通桥不远处用望远镜对该桥进行观测。桥东侧的一个桥塔上部破损严重，原桥的钢索和梁架桥面已荡然无存。桥西岸的桥塔仍然保持原状无变化，不远处有日军部队的防御工事。中美双方经研究确定修复该桥分两步走。首先抢建便桥为大批作战部队过江创造条件，同时将正式修复该桥的材料运送至西岸，紧接着开始进行该桥的正式修复。所需钢索和

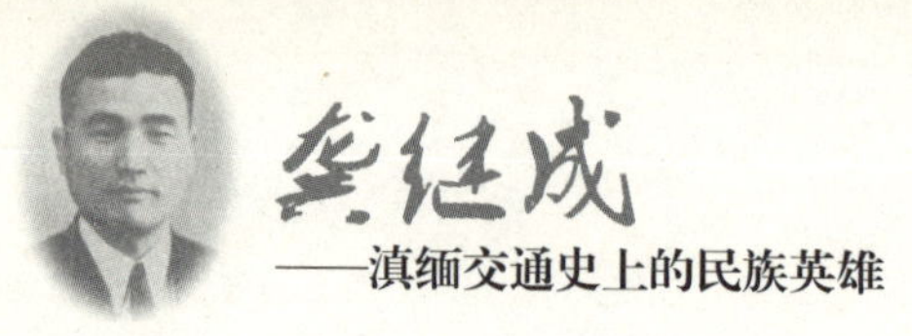

横梁钢材由美方提供，桥塔的修复和桥面的铺设所需的材料由中方筹备。惠通桥的抢修计划分别呈报盟军司令部和中国远征军司令部。卫立煌司令员听取了龚继成抢修惠通桥的计划后随即召开了集团军领导干部会议，经过讨论，同意采取两步走的抢修计划，并决定派宋希濂部十一集团军的先头部队在怒江上游渡过怒江，沿怒江西岸南下强攻惠通桥西侧的桥头阵地将其击溃，为便桥的抢修创造条件。同时加强怒江东岸射向日军松山阵地的炮火强度。会后卫立煌司令员登上东岸与松山对峙的老鲁山视察炮兵阵地。

卫立煌视察炮兵阵地

惠通桥建于1935年，是一座柔性钢索吊桥，全长123米，宽5.67米，净宽4.35米，两岸桥塔中距87.23米，钢桁架塔高7.85米，上下游主索各用两根直径28.6毫米的钢缆组成，主索下吊桿由两根直径为20毫米圆钢组成，全桥共用54副吊杆，桥下每三米设一根。两根高约200毫米的槽钢背向用螺栓组合的横梁，与两侧吊桿相连，其余纵梁和桥面均用木材制作，载重量约2吨，每次可通过驮马七匹。

抗日战争爆发后，为了能使滇缅公路成为我国连通外界的通道，惠通桥必须提高载重能力，使其改造成为能通汽车的公路桥。在该桥改造中，两岸桥塔加固成钢筋混凝土结构，主索加多成9根，索鞍为轴动式，吊桿改用31.7毫米的钢索，间距由原来的三米缩短为1.5米。吊桿数量比原桥增加一倍，经过改造载重量有大幅提高，每次可通一辆10吨汽车。从1938年9月开始，滇缅公路承担大量军用民用援华物资的运输，惠通桥因此成为滇缅公路怒江天险上的重要桥梁。

滇缅公路的建成，打破了日本侵略军对中国实行全面封锁的战略，日本侵略军于是把滇缅公路视为“眼中钉，肉中刺。”

1940年7月，日本威胁压制英国封闭滇缅公路，英国妄想保护其在东南亚的殖民地免遭日军的攻击，于是秘密和日本签订了封闭滇缅公路三个月的协定。后来在中国、美国和苏联的严正抗议下，停运了三个月的滇缅公路才恢复了通行。

1940年9月29日，日军在越南海防登陆，以河内机场为基地出动大量飞机轰炸滇缅公路上的重点桥梁功果桥和惠通桥，想通过轰炸切断滇缅公路。自1940年10月28日至1941年2月27日的120天时间中，日机共轰炸惠通桥六次，出动飞机168架次。先后

1944年6月，远征军司令卫立煌（前中）到惠通桥工地视察

炸断惠通桥上下游钢索八根，桥面两次中弹，东岸桥头中数弹，桥墩龟裂。日本电台大肆宣称："滇缅公路已断，三个月内无通车希望。"但是，在护桥职工的奋力抢修下，惠通桥在很短的时间又恢复了通行。在当时最困难的时候，为了抢修桥梁，桥上无法通车，桥工们创造性地将数十个汽油桶捆绑在一起构成浮船渡车辆过江。

日本逼英国封路计划未能得逞，轰炸断路又未奏效，于是在1942年初集中优势兵力直接进攻占领滇缅公路的源头——仰光，并北上侵入缅北和滇西地区，接着在所占领的地区修建坚固的防御工事，对抗中美盟军的反攻，竭力阻挡中印公路这一新的援华运输线的建成。

1944年5月中旬，中国开始滇西大反攻。国内远征军中的二十集团军的一个团在怒江上游多处实行强渡，利用美国提供的帆布船作为渡江工具。帆布船是以十几个尼龙汽囊组成，用一块长方形胶合板做垫板，每船可载一个班。这种船的优点是轻便，泄气后可折叠装入背包，一个人即可背走，只是那块胶合板不能折叠，需要专人搬运。在东岸我军的炮火掩护下，我军登上了西岸，

1944年6月，惠通桥便桥修复通车，第八军主力开赴松山前线

中美工程技术人员在惠通便桥通车后合影，右四为龚继成先生

并向纵深扩展，为后续部队渡江创造条件。二十集团军的主攻目标是滇西重镇腾冲，他们要在战斗中跨越高黎贡山，进入腾冲外围地区。第十一集团军的主攻目标是怒江对岸滇缅公路上的龙陵，先头部队在怒江上游过江后直捣惠通桥西岸的日军据点，东岸炮兵阵地和松山上的日军展开了激烈的炮战。最终我军压制住了敌人的炮火，收复了西岸桥头阵地，并沿着滇缅公路向龙陵进发。惠通桥西岸的日军被打败退入山中后，为我军抢修惠通桥创造了施工条件。抢修队必须在6月18日至20日期间迅速将38毫米粗的三根承重钢缆牵引过江，用绞盘将其绷紧并固定，然后在上面铺设木板。

再用特制的螺栓将木板与钢索固定，便桥桥面宽度达到3.3米。在惠通桥架起了便桥后，远征军大部队先后在桥上开赴西岸，并对松山日军形成包围。卫立煌司令在龚继成等人的陪同下视察了该桥。便桥建成后，抢修队马不停蹄地按计划从保山将正式修复惠通桥的钢索、型钢等修桥材料陆续运至桥的东西两端，并开始对东岸的桥塔被损坏的顶部浇注混凝土进行修复。

在修复惠通桥的过程中，反攻滇西的战斗也打响了。它由松山战役、腾冲战役和龙陵战役三部分组成，其中以松山战役最

松山战场上中国士兵搜索敌军的一个地堡掩体

为激烈。松山是怒江西岸的一座战略屏障，主峰高于怒江江面近千米，周围山峦棋布、丘陵起伏、山高林密、浓荫蔽日。它距惠通桥22公里，距龙陵39公里，扼惠通桥至龙陵的咽喉。日军占领松山后，为了长期据守，强迫滇西百姓建成了极为坚固的防御工事，它们均为地下工事，隐蔽坚固，不易破坏，伪装巧妙，难于发现。大小堡垒均有掩盖，用大树干铺盖，再加上一米厚的积土，中间夹铺钢板，表面加以伪装，地面和空中均难发现。并且在整个松山，日军设置了浓密的火力网，控制了怒江东西两岸约70公里的范围。日军吹嘘："便是一只麻雀也飞不过滇缅公路，中国军队不死十万人，休想攻取松山。"国外报刊也称松山是滇缅公路上的直布罗陀海峡。

1944年7月5日，我军炮火开始对日军目标进行大规模袭击，步兵在炮火掩护下逐步推进。日军极其狡猾，在我军接近其阵地约50米时，突然开火并形成火力交叉，使我军遭受重大伤亡。在进攻山上日军据点时，我军多次遇到隐匿在树上的日军机枪扫射，进攻部队被打了个措手不及，进攻受阻。松山地形复杂，敌军工事又非常隐蔽，伪装巧妙，而且分散在大小山头，美国空军很难在空中找到轰炸目标，而且炮兵进行远距离轰击也难以奏效。经研究，远征军领导决定将炮兵阵地移至敌阵地近处达到纵深摧毁效果，迫使日军退守下层掩蔽部，步兵即可突进，再以火箭筒攻击敌掩体上的射击孔，然后用火焰喷射器向孔中喷入火焰，将敌人消灭于堡内。同时在地形有利的地方采取挖交通壕方法向敌阵地延伸，接近敌堡后再进行坑道作业，进至敌堡底部进行爆破。这一战术取得了很好的战果，同时减少了部队伤亡，但进展仍很缓慢。松山久攻不下，部队伤亡严重，须要换防下来整休。枪弹、炮弹也有待补给。同时由于山上运输困难，不时出现断粮情况，对松山的进攻显著迟缓下来。

司令部将生力军第八军，调上松山加强进攻力度，何绍周为该军军长。

8月1日，惠通桥的重建工程正式展开。龚继成先生亲临桥头指挥施工，将指挥所设在桥头附近，抢修队先将18根钢索组成的主索架上两岸的桥塔顶上，并按序将吊杆用扣件紧固在主索上，然后将型钢组成的横梁与吊杆底部连接在一起，纵梁与横梁用螺栓连成一体。最后在纵梁上铺设木板。抢修惠通桥一直是在敌人的炮火威胁下进行的，施工人员的营帐均毁于敌人

抢修惠通桥

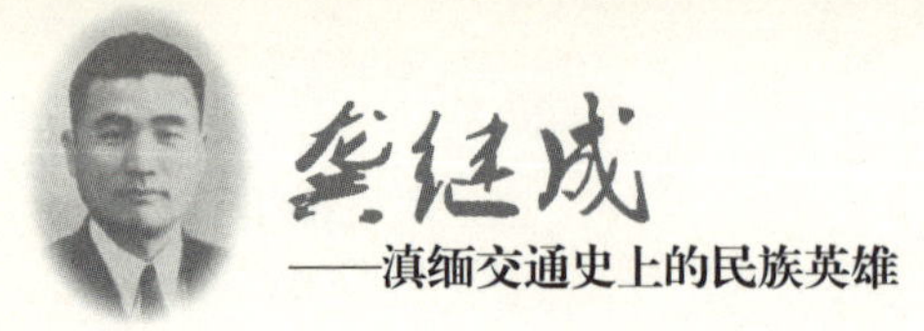

的炮火，死伤十余人，但抢修仍昼夜不辍。经过 18 个昼夜紧张的施工，8 月 18 日提前竣工。美国联络员竖起大拇指叫好，盛赞进度之神速。因为即使在和平时期修复此桥少也得数个月。经过挠度测量和试运行完全符合要求，于是惠通桥开通投入运行。在紧张的抢建施工期间，先生日夜坚持在工地与黄京群、李温平等技术骨干研究解决施工中出现和遇到的问题，五天五夜先生几乎没有合眼睡过一个好觉。惠通桥修复后，

惠通桥修复通车

由工兵营派出指挥员指挥过往的车辆，每次过桥的汽车和炮车限制为两辆。从后方开往前线的增援部队，以及前线所急需的弹药、粮食源源不断地通过惠通桥奔赴前线，大大增强了前方部队的战斗力。

在我军前仆后继、不怕牺牲、持续不断地猛烈进攻下，松山守敌已被迫龟缩到松山主峰周围。日军在松山的堡垒，以松山顶峰最为坚固，而且居高临下，侧防火力也最强，炸药包、火箭筒无法靠近顶峰，火焰喷射器的有效射程也仅为100米，达不到主峰堡垒。我军多次进攻都无法将其攻下。指挥部反复研究对策，最后决定挖掘坑道，一直挖到主峰堡垒的底部，再埋下大量炸药将敌堡垒从下面起爆，将其炸毁。8月3日开始挖掘交通壕，从两个不同方向同时向主峰挖掘前进，进攻部队以火力掩护，虽然作业士兵在遭敌人射击时有所伤亡，但仍坚持挖沟，在预计已挖到敌堡下面时，便将刚运到的120箱TNT炸药装入左右两条坑道的尽道，引出导火索后，将坑道末端堵死捣严。20日，工兵指挥官按下电钮，只见一股烟柱突然冒起，直冲云霄，火光四射，主峰碉堡被炸上了天。我军随即冲上去占领了松山主峰。日军残余部队不甘心失败，垂死挣扎，多次进行反扑，全被击退，我军乘胜对日军的几处还未攻下的堡垒逐个将其摧毁，全歼松山之敌。9月7日，松山战役胜利结束。此次战役共歼敌三千六百余名，我军伤亡近两万将士，付出了巨大代价。

但是，松山战役的胜利，打开了滇西缅北会战的僵局，滇缅公路可以畅通无阻，大批后备部队和装备、物资通过了这个“东方直布罗陀”，向龙陵战场开去，形势立即逆转。

此时，反攻滇西的另一场战役——腾冲战役也打响了。二十集团军艰难地攻克了高黎贡山上的敌军据点进入了腾冲地区，打响了腾冲战役。腾冲，古名腾越，是三国时期孟获的首府，因地处边陲，

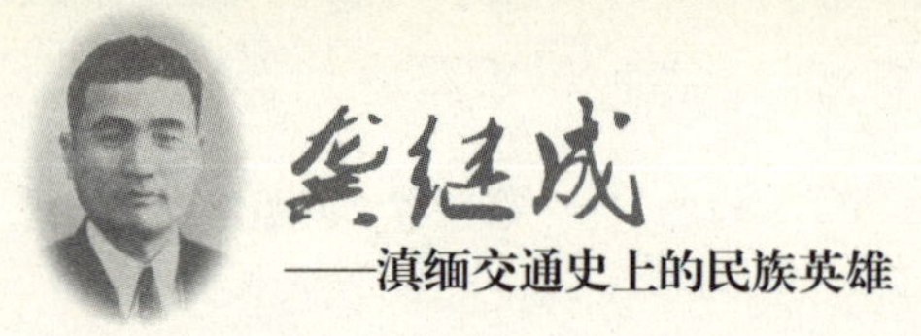

经历代修建，这座一公里见方的城池，其围墙高八米，厚六米，而且均以大青条石砌成，十分坚固。日军占领后又构筑了大量防御工事。我军要攻下腾冲必然要经历一场恶战。而且腾冲是盟军“反攻筑路”计划中的重要组成部分，又是计划修建的中印公路必须通过的地方，早日攻克腾冲可为中印公路的修建创造有利条件。

腾冲外围有日军几个大的防御据点，而且飞风山、宝风山、来风山和蜚风山上都筑有坚固的防御工事。由于日军防御工

中国士兵在腾冲与日军展开巷战

事很是坚固，以步兵进攻，难免要付出重大伤亡，二十集团军根据在高黎贡山的作战经验，制定了空、炮、步联合作战的方案，即先以轰炸机轰炸，力求摧毁敌堡垒及外围工事，并为炮兵指示射击目标，轰击日军，然后步兵开始冲锋。这样的战术，在八年抗战中绝无仅有，现在有美国14航空队的支持，并掌握了制空权，而且腾冲地区的地形更适宜于发挥空军的威力，才得以实现。日军遭到了重大打击但仍拼死顽抗，经过反复争夺苦战终于迫使敌军退出外围据点，龟缩在腾冲城内。8月2日，我军开始攻城。炮兵和空军轮番轰击城垛。但城墙十分坚固，未能轰开大的缺口，步兵未能攻入城内。后来空军和炮兵商定集中轰击北面的一处城墙终于打开了一个大的缺口，步兵立即通过缺口冲入城内与敌军展开了巷战，却不料遭到日军的负隅顽抗。日军利用每一处建筑物构筑工事，我军需要逐屋与敌争夺，几乎每一建筑物都必须彻底摧毁才能前进。9月14日，攻城战进入尾声，两军短兵相接，进行肉搏战，终于将最后数十名日军全部消灭。腾冲战役歼敌四千余名，而我军付出了伤亡一万三千余名的重大代价。

腾冲战役的胜利，有力地促进了滇缅战场的胜利，在中国抗日战争及世界反法西斯战争史上具有重要的地位。

当松山、腾冲正在激战时，龙陵战役也开始打响。第十一集团军主力部队，沿着滇缅公路向前推进，攻克了几处敌人据点，与龙陵外围的日军展开了激烈的攻防战，曾两度攻入龙陵城内，并向上级过早报告龙陵已被克复的捷报。但后来却遭到日军伏兵发起的突然袭击，他们伙同从芒市和腾冲赶来增援的日军对我军疯狂反扑，我军败退出城，敌军乘势追击。我军领导受到谎报军情处分。幸亏美国驻远征军联络官联络派来了14航空队的轰炸机群，对日军进行

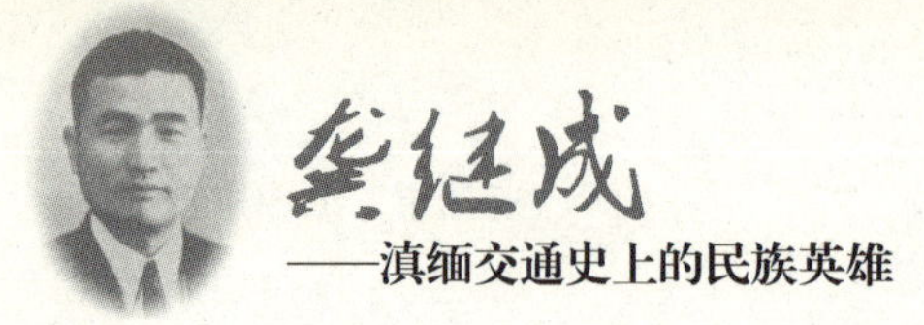

了猛烈的轰炸，才阻止了日军的进攻。我军在龙陵前期作战中遭受到很大的伤亡和挫折，同时由于进军过快，离后方较远，不能及时得到弹药、粮食供应方面的后勤支援，无力对敌人继续进行有力的攻击，敌我双方进入相持阶段。

由于前一阶段对敌军机动联合作战的实力估计不足，过早地攻入城中，有轻敌思想，从而导致进攻失利，新上任的黄杰司

滇缅公路复路抢修队在强筑便桥

令和全军上下认真吸取教训，总结经验。如今，我军虽然在武器装备和战斗力方面较之以前有很大的改进和提高，但优势的火力在日军的坚固工事前发挥不了预想的作用。敌人在我轰炸炮击时转移到下层掩蔽部，等飞机远去，炮击停止，再从掩蔽部钻出来，射击我军向前进攻的步兵。后来，经过讨论改变了进攻战术。每次轰炸、炮击后，步兵不急于向前进攻，当估计敌人已从掩蔽部钻出后，炮兵再度开火使敌军退避不及而遭杀伤，如此反复多次后，我军突然发动冲锋，使日军防不胜防。改进后的战术取得了很好的战果。惠通桥修复后，前方部队的后勤支援得到了有力保证。自10月下旬开始，逐个歼灭了龙陵城外的敌人据点，再度攻入龙陵城内，同时切断了芒市至龙陵的交通。守城敌军顽固抵抗，与腾冲之战相似，巷战激烈，需要逐屋争夺。我军进攻部队凡发现建筑物内有火力向外射击，便以重炮或炸药包将建筑物摧毁来迅速消灭敌人。11月11日，我军攻克龙陵，共歼敌一万余人，我军伤亡二万八千余人。

龙陵战役是抗日战争中的一次重要反击攻坚战，同属于滇西缅北大会战的一个重要战役，该战役的胜利基本上将在中国滇西的日军歼灭，成功收复滇西4万平方公里土地，并为打通中印国际交通线创造了条件，更好地支援了华中华南的战场。

在攻克龙陵稍事休整后，第十一集团军继续沿着滇缅公路向芒市、遮放、畹町等地进攻。以前组成的滇缅公路抢修队紧跟着作战部队向前推进，迅速修复了惠通桥至龙陵间被日军破坏的多处地段。在抗战初期，滇缅公路屡遭敌机野蛮轰炸，远征军撤退时又主动炸桥破路。在日军占领期间，日本空军又不断轰炸怒江西岸的滇缅公路。日军败退时又对公路进行了大面积破坏，滇缅公路早已是“伤痕累累，体无完肤”。一位滇缅公路抢修队的老工人说：“滇缅公路如果是一个人，早已死过好几回了。现在我们要让它好好活下去。”

龙陵收复后，龚继成和抢修复路指挥部随军进驻龙陵，在滇西与日军血战的我军将士由于得到后方及时运来的弹药粮食供应，越战越勇，痛击还在挣扎的日军。吉普车和炮车和其他车辆很快接连不断地向前线驰去。11月20日，我军攻克芒市。12月3日，我军歼灭三台山上的日军据点，8日，抢修队抢修好三台山一线滇缅公路上大小桥梁10座。当修复通车的滇缅公路延伸至黑山门前沿时，遭到日军负隅顽抗，他们利用黑山门地势，企图阻止我军进入畹町，我军乘胜给敌军以致命打击，突破敌军黑山门防线，攻克、收复畹町，至此把日军全部驱逐出了国门。抢修队跟着部队进入缅甸集中力量抢修曾被敌人彻底破坏的通往八莫的界河桥。这样就为国内外两支远征军“X军”和“Y军”在缅北会师创造了条件。

在当时极其艰难的情况下，我国远征军不怕牺牲，英勇作战，在盟军的支援和路桥抢修队的紧密配合下，取得了松山、腾冲、龙陵三大战役的全面胜利。全部收复了被日军侵占的我国滇西领土，这是中国军队完胜之战，第一次将日军彻底打败，收复失地。为打通中印公路国际通道创造了有利条件，在我国抗战史上写下了光辉的一页。

第四章
修建中印公路

Xiu Jian Zhong Yin Gong Lu

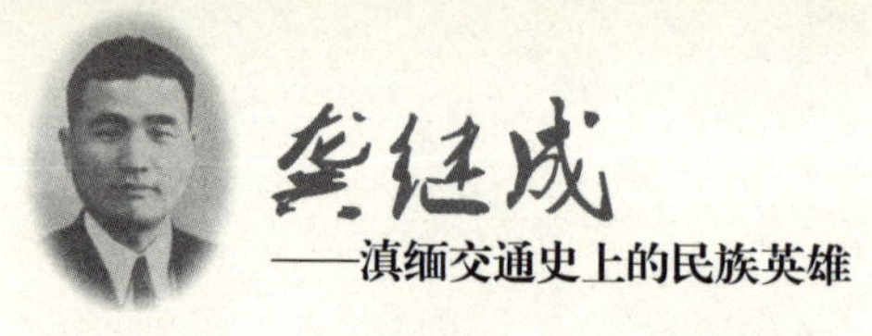

龚继成

——滇缅交通史上的民族英雄

1940年，日军出动了大批轰炸机对滇缅公路实施狂轰滥炸，特别对功果桥、惠通桥等关键桥梁进行了重点轰炸，滇缅公路面临着被掐断的危险。针对这一情况，国民政府交通部拟订了修建由西昌经中甸至印度列多的公路计划，并组织勘测队进行实地勘察，后因该线工程量太大而作罢。1942年2月，中、印、英三国在新德里召开“中印公路会议”，一致同意公路的走向为列多—腾冲—龙陵。中方派滇缅铁路督办曾养甫负责筹办。但在准备组织队伍进行测量施工时，日军进攻滇缅，入侵滇西，被迫停止。

在日军侵占缅北和滇西后，修筑中印公路的难度加大了。当史迪威将军提出修建中印公路的“反攻筑路”计划时，有不少人持反对意见。有人认为该公路要通过野人山，跨越海拔2000到3000米的高峰，而且几乎全是绝少人烟的原始森林，所经之处还有大面积的沼泽地区，筑路难度非常大，很难想象能在短时期内修通。这无疑是远水解不了近渴。还有的认为应加大盟军空运援华的数量以解决燃眉之急。其中还有一个重要的难题是，计划中的公路所经过的地区大部分在敌占区，计划很难实现。

但是，史迪威和他的国内外支持者则认为漫长的中国抗日战线所需求的军需品，汽油数量是巨大的，远非空运所能解决，只有开辟陆路交通线，才能输送给中国急需的物资，支援中国坚持抗日战争。因此，即使难度再大也得干。史迪威的“反攻筑路”计划得到时任美国总统罗斯福的首肯。为了加快行动落实计划，史迪威从美国调来了工程专家皮可少将和薛德洛克上校指导筑路，同时调来工兵团6000余人，以及大批筑路机械。还有熟悉丛林山地作战的一个团3000兵力，由梅里尔准将统率，以加强反攻战斗力。“反攻筑路”的第一步是中美英联军反攻缅北日军，将其击溃并赶出缅北，收复重镇密支那。中印公路筑路队随后抢筑公路，分南北两线进入云南境内。

1943 年 3 月，盟军缅北作战指挥部在印度列多成立，郑洞国[❶]任副总指挥。中国远征军孙立人任前敌司令官，率三十八师为反攻先锋，不久扩编为新一军，孙任军长。廖耀湘[❷]为扩编后新六军军长，同时委任美军薛德洛克上校为工程兵司令，统筹东西双向开工筑路工程。

孙立人部向东前进时，首先遇到的是纵深连绵的野人山，阻挡着部队进入缅甸，野人山平均海拔高度近 3000 米，这一带除了在 1942 年中国部分远征军从这里艰难地撤退回国经过外，从来没有人知道这山中是什么情景。人们只能从山脚下仰首翘望山岭上那一片阴森森黑压压的密叶丛林。有一位从缅甸撤退至印度的英军少校曾说：“你们的部队想从野人山打出去，还要掩护中国和美国的工兵修筑一条中印公路？不要说公路没法修成，你们的部队也爬不过这野人山”。孙部官兵仗着机关枪、迫击炮、火焰喷射器的威力，大胆地闯进了野人山。这的确是常人不敢进入的地方，日光被层层叠叠的密林遮蔽，天昏地暗，虎啸猿啼；林中没有路，满地是吸血的蚂蟥。只有累累白骨显示曾有人在此经过的迹象，那就是当年中国部分远征军和难民在此撤退时饥病而死的遗骸。日军扼守着山中的几个重要山头，从 3 月到 10 月远征军对敌军艰苦作战的同时，克服了恶劣环境带来的伤病困扰，终于在 10 月 24 日穿过野人山。

❶ 郑洞国（1903—1991），最早参加抗日战争的国民党将领之一。1943 年春，参加收复缅北要地密支那攻坚战。

❷ 廖耀湘（1906—1968），国民党将领，爱国民主人士。1940 年同杜聿明率领中国远征军赴缅甸抗日，为抗战胜利作出了重要贡献。

中印公路路线示意图

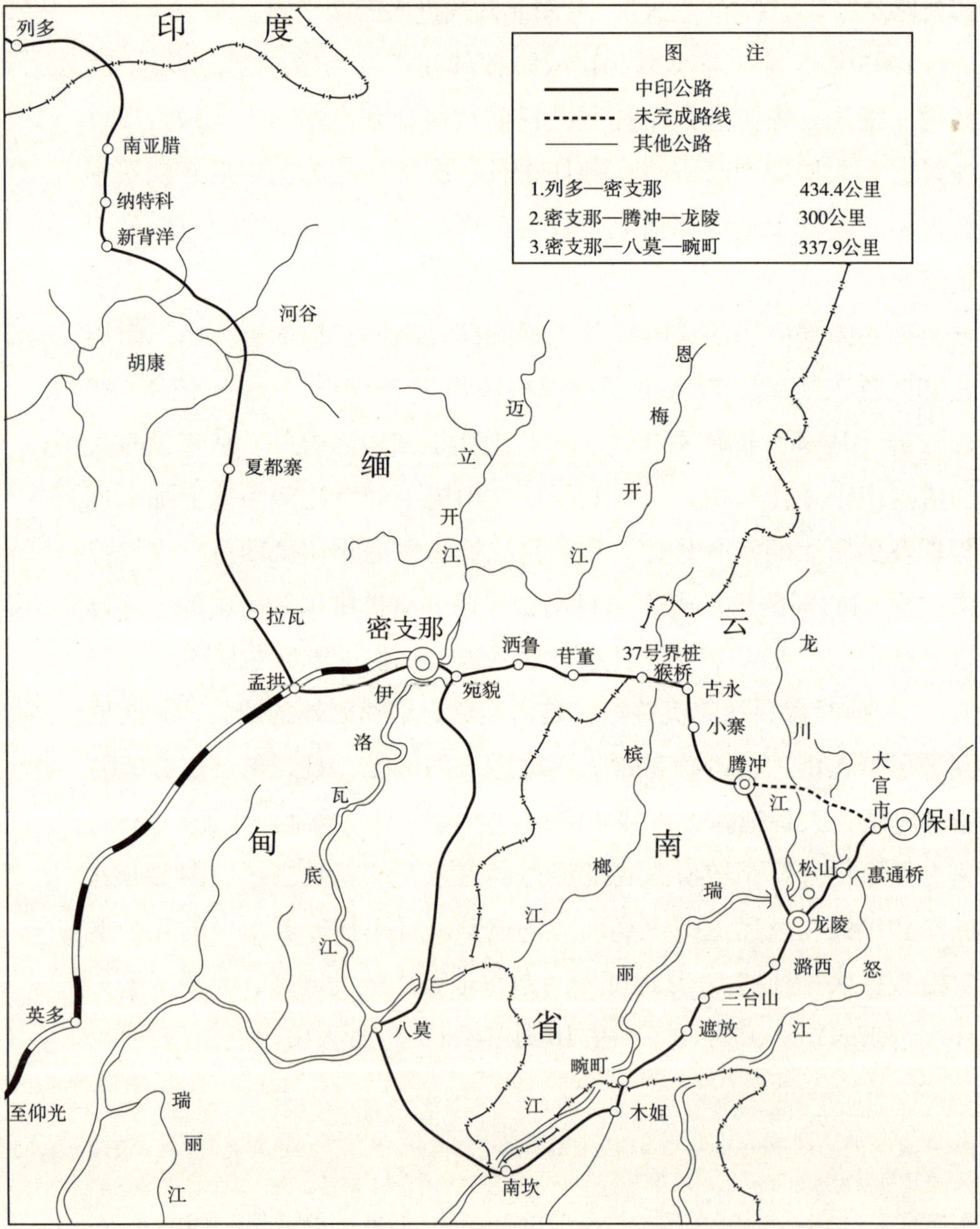

图　注

中印公路

未完成路线

其他公路

1.列多—密支那	434.4公里
2.密支那—腾冲—龙陵	300公里
3.密支那—八莫—畹町	337.9公里

印度　缅甸　云南省

列多　南亚腊　纳特科　新背洋　河谷　胡康　夏都寨　拉瓦　孟拱　密支那　宛貌　洒鲁　苷董　37号界桩　猴桥　古永　小寨　腾冲　大官市　保山　松山　惠通桥　龙陵　潞西　三台山　遮放　畹町　木姐　南坎　八莫　英多　至仰光

迈立开江　恩梅开江　伊洛瓦底江　槟榔江　龙川江　瑞丽江　怒江

资料来源：云南民族出版社2001年6月出版的《保山地区交通志》，第154页。

中印公路从列多起，经过野人山、胡康河谷、孟拱河谷，到达密支那的这一段，全长 434.4 公里。所经过的地区，几乎全部是绝少人烟的原始森林。紧跟着战斗部队之后的工兵逐段进行修路。最初担任筑路任务的是中国驻印远征军的工兵第十团，他们靠斧头、铁锹和十字镐修路，进度较慢。后来美国的机械化工兵团带来了掘土机、平路机和起重机等先进筑路机器，加速了工程进度。公路破土向前延伸，反攻战在缅北打响，“反攻加筑路”双重战略从此开头。

在国内，新被任命的滇缅公路工务局长兼中印公路工程处处长龚继成正积极筹划中印公路的修筑工程。美国工程兵司令薛德洛克上校和他的助手几次来华与先生及李温平、沈来义等工程师开会研究筑路事宜。在中国段的中印公路有两个走向，一是从保山城西南滇缅公路 K690 公里处的大官市为起点，过惠人桥和龙文桥，越过高黎贡山到达腾冲，从中缅边界的猿桥出境至密支那称作正线；二是从龙陵向西到达腾冲再至密支那称为支线。经研究认为，从保山到腾冲的中印公路可以缩短运行长度，对运输有利，但工程量远较龙陵支线大，约为支线的七倍，工期会延长很久。为了尽早抢通公路，采取支线和正线同时施工，先求其通、后求其完备的原则。美方承担由列多至密支那之间的中印公路修筑任务，中方承担由密支那进入中国境内与滇缅公路连接的中印公路修筑任务。为了平衡双方的进展速度，中方要求美方提供机械化筑路机械，并组织技工培训。中方指派李温平工程师负责进行国内段的机械化筑路。

1943 年 7 月 10 日，滇缅公路工务局在保山成立中印公路第一工程处，沈来义任处长，李温平、周颐乐、李家驹为副处长，下设 7 个工程测量队，负责国内段的测量和修筑任务。美国工兵司令部

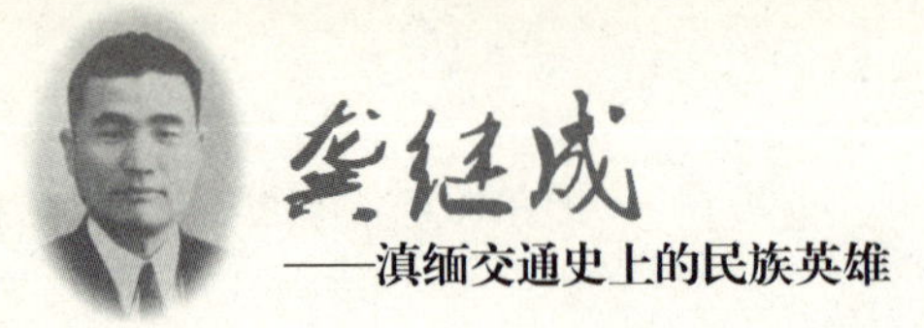

在该处派驻有联络员。1944年9月，在缅甸洒鲁成立了中印公路第二工程处，黎杰材任处长、沈杨霖任副处长，下设5个工程队，负责国外段测量施工，即中缅边境37号界桩至密支那段。大部分人员来自军事工程委员会所属的云南呈贡、广西丹竹、四川简阳和绵阳等机场，有一部分是原来滇缅铁路的工程技术人员。

滇西战役打响后，第一工程处的李家驹副处长兼任第一测量队队长，带领5位工程师和发报员以及测量、施工领工员共26人从保山出发。雇骡马驮上测量器具、行

测量队雇佣驮骡载着测量工具、粮食等在山地行走

李、食品和自卫手枪等向西行，沿着第二十集团军过怒江的路线渡过怒江、越过高黎贡山，所经过的山路是不久前国内远征军和敌人激战过的地方，沿途遇到不少发腐的人马尸体。经历了13天紧张、艰苦的步行，于8月10日到达腾冲县属的古永小镇。测量队在保山出发前，龚继成局长曾召集全部7个测量队的人员开会。会上先生说："你们即将奔赴前线进行勘测施工。现在松山、腾冲、龙陵我军和日军还在激战中，派你们现在去敌占区是为了加速中印公路的修筑，尽快把公路修通。公路早一天建成，我国就能早一天运进外援物资，就能早一天粉碎日军对我国的封锁阴谋。因此，无论在勘测或施工中都要体现一个'快'字，要争分夺秒地去工作。你们面对的地段都是地形复杂的新路，要多向当地人士宣传筑路的意义，并征求他们对定线和施工方面的意见。我曾在川北进行过航空测量，从天上看地上的地形地貌比地上观察要清楚得多，航测对决定新路的走向和选线有很大的优越性。但是最后还是要通过地面测量来落实施工线路。你们在勘测过程中要多走路，多爬山，通过测量更多更详细地去获取第一手资料，为定线施工打好基础。你们现在是测量队，待完成测量任务后要迅速转成施工队，组织民工和机械筑路队在你们测量过的地段进行筑路施工，这是为了让测量和施工能更好地衔接在一起，从而提高施工的质量和效率。还有新线施工中会有大批筑路机械参加施工，无论在定线和施工中要充分考虑到机械施工的特点和它具有的优势。祝你们成功。"

古永小镇是只有数十多户傈族人家的小城镇。在向"把事"（即乡长）介绍情况后，测量队受到热情地欢迎和接待，并表示愿意帮助勘测施工。古永小镇的居民多半是女性，因为男人大多为部队搬运弹药物资随军去了。这些少数民族的女同胞知道是为了赶走日军而修公路，都积极表示愿意参加筑路工作。他们互相传信，自愿来参加筑路的人越来越多。不久，后续测量队也相继到达指定地点开展工作。这时，测量队时常遭到日军的侵犯。当一旦发现日军来犯时，乡民们就带着测量队员躲进深山老林。但是，为了早日完成测修抗日路，测量队员早已把生死置之度外，毅然坚持勘测。第三测量队所夜宿的帐篷被日军烧毁，被迫迁往他乡暂避，外面枪炮声不断仍坚持在住处赶制图表；第七测量队在龙陵县城附近勘测随时都可能遭日军射击，但他们仍坚持测量工作。

随着勘测和修路的人越来越多，测量队没有足够的余粮，几乎要断炊了。于是，测量队在古永修筑了投掷场，希望通过空投粮食解决吃饭问题。经上级同意后，由中国航空公司飞返印度加尔各答的放空运输机负责投掷粮食。运输机飞至古永上空盘旋时，看见地面上所设置的木板标志，便将粮食包投下。由于空投人员和地面上的指示人员都缺乏经验，又无通信联络，以至每投一次，下面需要40多人去寻找收拾。许多被投到河里、泥沼塘里，损失不少。

孙立人部攻下野人山后，拉开了反攻缅北的序幕。10月20日，进占前进基地新背洋，兵锋直指胡康河谷。胡康河谷又称胡康盆地，都是一片原始森林，中间穿过几条大河，雨季山洪暴涨，成为一片汪洋。从军事行动来讲，无论是搜索、观测、通信、联络、救护，在此都很困难。从飞机上俯瞰，也只能约略辨出几条河流来，其他的无从侦察，更无法去轰炸敌军。日军利用这些河川之险和密林茂草的荫蔽，建造起许多防御工事。孙部三十八师的一个团攻占了新背洋后，战斗进展到于邦，初战比较顺利，将于邦之敌从北、东、西三面将其包围，只剩南边面临大龙河。在江北岸用火力封锁渡口，防止南岸的敌人过江增援。为了解救于邦被围之敌，日军调来大批炮兵对我军两翼封锁渡口的机枪阵地日夜轰击，并从下游偷渡过江绕到我军背后占领了一个地势较高的阵地和被围的于邦敌军联成一气，反把我进攻部队四面包围。我军几次突围都未成功。

孙立人急从列多调增援部队前去解围，增援部队沿着刚刚有点路基形状的中印公路上前进，走了 20 天才到达指定地点，这时我军被围部队已被五倍的敌军围了近一个月，面临弹尽粮绝的危险境地。孙立人亲自指挥增援部队向日军阵地进行了猛烈地炮轰，炮弹像掘土机似的把敌人的阵地翻了个遍。这时被围的我军乘机接应，从里面杀了出来，分兵两侧切断敌人退路，同时封锁渡口，使敌无法增援，激战至 12 月 28 日，经过七昼夜的歼灭战全部将敌消灭。夺取于邦是胡康河谷战役的重大胜利，是包围、反包围、反反包围的成功战例。

这时，美国工兵很快在大龙河上搭起了橡皮艇上载钢板的浮桥。驻印远征军乘胜过江南下进攻胡康河谷的其他据点。此时，梅里尔准将率领的突击队被调来前线配合孙部对日军作战。突击队在远征军左侧深入敌军后方，采取迂回战术，当远征军进行正面进攻时，突击队迂回到敌人后方。这种战术截断了敌人后方道路，断绝了敌军的弹粮补给，使敌人失去了持续作战的能力。我军在较少伤亡的情况下攻下敌人据点。这种战术在胡康河谷战役中多次获得成功。“梅里尔突击队”是一支特种部队，擅长丛林山地游击作战。其中的骨干人员曾经接受过 3 个多月的热带丛林战斗训练。他们的装备也很特别，都带有吊床、拉链蚊帐，还有不透水的皮鞋。因为穿布鞋或草鞋容易伤脚，还不时要被蚂蟥钻上身来。雨季整天在泥水里走路，脚在水里泡的时间长了便会肿溃。班长以上的干部都有指北针，防止在丛林茂密的地方迷失方向。每班都有锯子两把，每二人备有

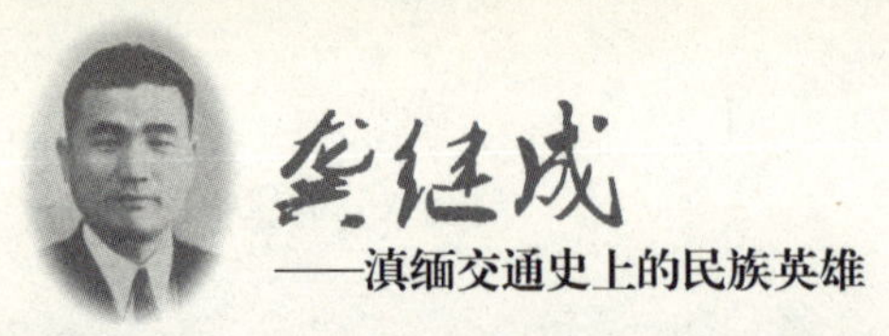

美国工兵搭建的大龙河浮桥

砍刀一把。据当年参战的王楚英先生回忆，指北针是十分重要的仪表，1942 年戴安澜的第 200 师远征军在缅北撤退时，因迷失方向而坠入茂密的竹林，伤亡重大。以后中国驻印远征军每班都配备了特制的小巧结实的指北针。

从胡康河谷到孟拱河谷中间横着一座海拔 1300 米的高山，成为两区交界天然的分水岭。贯通两区交通的只有一个狭隘的谷道。公路干线须从这个谷里穿过，全长约 30 公里。两旁山岭重叠，树高林密，是天然的险要隘路。日军倚持的杰布班山隘天险，占有一夫当关、万人莫敌的有利地形。如果盟军沿公路正面强攻很难冲得过去，而且伤亡会很大。如采用两翼迂回，两旁又是悬崖峭壁不容易爬得过去。盟军经过研究决定，要克服一切困难从正面左侧爬过山岭。远征军的一个团艰辛地在陡而滑的山道上手脚并用往上爬，但马驮着炮不能行动，只好用人抬，让骡马空着身子走，两天内跌毙了 20 多匹。后来想到一个办法，在上山时，饲养兵走在马前，用力扛着马头，下山时走马后，死命拖着马尾。这样骡马伤亡很少。经过 14 天的艰辛开路，终于翻过了山，士兵们有好几天没有得到空投食物，只得去挖野菜砍芭蕉根来充饥。不久远征军与梅里尔美军支队会合，向守敌发动突然袭击，并调来炮兵支援，敌军仓促应战，经过激战，盟军站住了脚。我正面攻击部队开始向谷道守敌发动进攻，敌军的后方路线已被切断，无从取得支援，边战边退。4 月 27 日，我军全歼守敌。于是，日军的“山隘天险”完全崩塌，盟军的“反攻筑路”战事推进至孟拱河谷。

这时，中国驻印远征军以廖耀湘任军长新扩编的新六军奉命投入缅北战场，盟军的战斗力得到显著提升。英军也从缅南对日军进行反攻，形势发生了重大转变，日军由攻转守，由守转退。

盟军继续采取正面进攻、侧面迂回断后的成功战术。廖耀湘部旗开得胜，连连在孟拱河谷战斗中得手。于 6 月 25 日胜利地攻克缅北的重要城市孟拱并向密支那进军。“反攻筑路”的盟军从此转入对战略重点密支那的争夺战。

密支那是缅北铁路的终点，位于伊洛瓦底江西岸，居民万余人。周围多山，是一个地形稍有起伏的小平原。公路四通八达，南去八莫，西至孟拱，北通孙布拉蚌，从江东的宛貌向东一百公里就可到达我国的云南边境。城西和城北都有飞机场，是日军在缅北的战略重镇。

7月23日，盟军空军轮番对敌外围据点进行轰炸。远征军和美军梅支队会合展开地面进攻。日军调来增援部队拼死据守。一度攻占的密支那火车站被日军反扑夺回。城北地区工事十分坚固，攻击部队伤亡很大。敌人利用民房和街道两侧构筑掩蔽工事，在十字路口，公路进出口都设有重火器。敌人的炮兵大部移到江东岸游动使用，同时在城内埋伏了不少狙击射手。我军几次强攻均未得手。远征军廖部五十师潘裕昆师长果断地组织敢死队一百人随身携带轻便武器，利用夜晚分组潜入敌人后方，把敌军的通讯设施完全割断，拂晓时分向预定的重要据点和敌军指挥所猛烈突击。我军其他进攻部队应声而起，不顾一切向前出击，当天五十师就把十一条横马路完全占领。城北的美军也相继攻入市内。日军防线溃乱。8月5日，盟军继续肃清战场。敌军不顾一切顽强死守的缅北重镇密支那终于被全部攻克。密支那战役盟军付出了沉重的代价，共伤亡6000余人。日军死伤3000余人。

密支那的克复，标志着盟军缅北会战取得了决定性胜利，缅甸战场的主动权从此转入盟军手中。对中国来说，意味着两条被阻断的运输线——中印公路同滇缅公路的连通指日可待，危险的“驼峰航线”从此载入史册。而日军对缅甸的占领已屈指可数，其在亚洲大陆的全面进攻，也从此演变成节节防御，最后彻底崩溃。

当密支那攻克后不久，1944年10月18日，史迪威将军奉命调回美国国内。他未能在中国看到“反攻筑路”计划的最后胜利实现，未能看到中印公路筑成通车，带着遗憾离别了中国。

密支那战役结束后，廖耀湘和新六军奉中国国民政府军委命令空运回国，赶赴前线抗击日军。孙立人率远征军继续南下向八莫进军。

美国工兵团在皮可少将的指挥下随着远征军向前进军，紧跟在后面修桥铺路。遇到深山密林，民工们先用砍刀开路，清除树丛危石，筑路机械接着开始机械化筑路。美军筑路机械品种多种多样，有 17 吨重的斜角推土机、12 吨重的平地机、半立方米的挖掘机、铲土机、空气压缩机、羊蹄滚、小型推土机、碎石机、自卸汽车和绞盘车等，根据施工需用由工兵调度统一安排机械的使用和驾驶机械的司机。机械施工的效率比人工高好几倍甚至几十倍。工兵团保证了前方所需物资弹药的供应，前方作战的胜利又使筑路不断往前延伸，加上在缅甸境内很

中国施工队在腾冲机械筑路

多地段都有日军占领期间所修筑的便道或公路，只要略加修整和拓宽就可投入使用。攻占密支那后不久，工兵团就修通了列多至密支那的中印公路。

滇缅公路工务局随即将国外段负责修筑密支那至中缅国界37号界桩之间中印公路的第二工程处和三个测量队的人员乘远征军军机分批从昆明送到密支那。国外段全长133公里。测量设计工作全面启动，三个测量队分布在密支那至37号界桩间分段测量。12月，工务局从腾冲征募民工1000多人到国外段参加筑路，美国工兵投入较多机械协同筑路。美国工兵司令员薛德洛克不时从密支那到施工现场进行检查指导。

在国内，中印公路第一工程处的第七工程测量队最早转为施工队。当时在侵占龙陵、腾冲后，日军运用军工、机械强迫腾冲、龙陵两县老百姓修成腾龙便道，在龙川江上架起木便桥，可通吉普车和卡车。从龙陵到腾冲全长79公里，施工队基本上可沿着既有的便道进行修筑。在当时日军仍占领龙陵县城时，从滇缅公路分出的龙陵岔道距县城一公里，幸亏在中间有一山包作阻隔，该处首先开始施工，未被日军发觉。随后美国筑路机械从保山通过已修通的滇缅公

滇西民工抢建中印公路

美机给筑路队空投粮食

路运至工地，陆续开展机械化施工，接着抢修被日军撤退时焚毁的腾龙木便桥，又新建了一座13孔、长96.1米的木结构正桥。龙陵、保山、腾冲共派工一万多人，他们积极苦干，加上机械配合，开挖土方80多万方、石方一万多方，使龙陵至腾冲全长78.7公里的公路于1944年11月18日通车。腾龙公路路基宽7.5米、路面宽3.5米、路面厚20厘米，可承受各种载重车辆在公路上行驶。

在龙陵，龚继成先生接到国民政府军委会于11月13日发的电报："先集中人力机械等一切力量对腾冲至密支那段的中印公路，星夜赶趱，务必设法于1945年2月底前，将该段打通。"先生星夜乘吉普车赶去腾冲贯彻军委命令。途中先生在车上睡

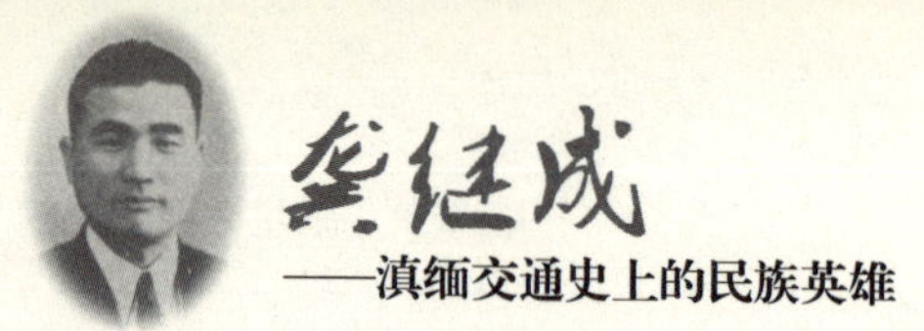

着了，在一个弯道处拐弯时被摔出了汽车，司机慌忙停车，下去扶起先生。幸好摔在一处土堆上没有伤及筋骨，先生被扶上车后，继续前行，不一会儿先生又睡着了。

这时，腾冲已建起简易飞机场，可供运输机起降。美国的筑路机械在印度的加尔各答港拆装后，用运输机运到腾冲机场，再用汽车转运到各工点，重新组装后投入使用。

腾冲至密支那段公路筑路难度最大。地势复杂，气候恶劣，无便道可利用。从腾冲西去要通过13.9公里长的沼泽区，测量人员目睹水牛活活陷落而死。经研究，施工队采用“沉筏填筑法”来筑路。用大小树枝扎成筏，平置于稀泥上，筏上铺石块泥土，然后用推土机碾压，这样反复几次，才成路型，又对路边20至30米处修平行排水沟和纵沟，路基干了再用羊蹄滚和平地机压实、压平。为了确保沼泽路段能承受车辆负重，路面加厚至50厘米，为其他路面的2.5倍。

钢管导流的路基涵洞

在距国界22.7公里处，须跨过槟榔河，水流湍急，很难渡过。当地人在过去用粗藤建成一座拱形梯子桥，人们从这岸的拱梯脚，面向河水，拾级而上，至拱顶河中心上空，再转身，仍面向河水，拾级而下到彼岸。当爬到拱顶时，桥索晃动，人在上面晃晃悠悠的，惊心动魄。过桥就像猴狲爬浪桥，取名“猴桥”。公路修到此处，施工队先是用木料建成木便桥，后在两岸建筑石砌桥台，上部架设美制贝雷式钢桁架，单层双排单车道。木便桥长 45.75 米，净跨 43.54 米，桁架净宽 3.76 米，桥面净宽 3.28 米。

腾密段的施工从 1944 年 11 月至 1945 年元月中旬进入高潮。在腾冲梁正中老师的宣传动员下，腾冲半数民众参加了抢修队伍。各工段人山人海，机声隆隆，共有 2 万多滇西民工投入到筑路工程。他们在非常困难的环境下进行着紧张地工作。37 号国界桩地段海拔 2600 多米，多天然森林，是著名的柚木生产地，而且林中多虎，白天也常出现，猿、猴、豹等动物也多。此外还有毒虫、蚂蝗，这些都是民工工作中的障碍。时值严冬季节，民工衣被单薄，时有被冻死的，只好撤下山来避风寒，待气候转暖才上山。龚继成先生感慨地说：“滇西人民在日军占领期间倍受压迫、欺凌，坚决支援抗日战争。在筑路中，工作和生活都非常艰苦，但他们始终和施工队职工在一起努力工作，每天都要工作在十小时以上，对保证按期完成中印公路的修建起到了重要作用。人们不会忘记他们在抗日战争中做出的重大贡献。”为解决数万人的吃饭问题，施工处在昆明搜购食米，并由中航公司招上百投米工，空运至工点进行空投。由于飞机要在崇山峻岭中低飞，很是危险，有一架飞机因此坠毁。

为了加快筑路速度，腾密段的路基涵洞，多处将美制耐腐钢管埋于底部，而后填实，操作方便，路基坚实，同时提高了筑路效率。

在腾密段，其中国外段全长约 65 公里。在缅甸境内离国界 37 号界桩 26 公里处的新寨，有一段岩石峭壁长 30 余米，高 10 多米。美国工兵十多天未能开出一条行车便道，于是使用了大量炸药，不钻孔就炸峭壁，致使岩层松动、剥离。炸下大量乱石块也未清理，

堆满山谷。当他们再次在悬崖下方实施爆破时，破碎岩石飞上天又轰隆隆劈头盖脑地砸将下来，当场砸死了美军工程师帕特里克·滴霖，还有4位美国工程人员和一位中国工程人员被砸伤。施工立即停顿。后来在帕特里克·滴霖遇难处的山坡上竖有一块石碑，上面有腾冲县长李根源题写的“滴霖崖”以及立碑人李根源、龚继成、黎杰才三人的名字。

中美筑路队在中缅国界处会合，左起向右为龚继成、薛德洛克、李温平、沈来仪。后排左一为普克领队

薛德洛克司令紧急求助于龚继成先生。先生说：“表层爆破只能使岩石裂损，不能

有方向性地清除岩石。应改变爆破方法，要采取分层定性爆破法，才能使岩石按照我们要求的方向清除，最后开出一条道来。我会派人去具体实施这一筑路方法。”沈来义奉命前去。沈建议采用中国传统的“打眼放炮分层次的爆破方法”，美方半信半疑。为了统一实施这一施工方法，沈希望由中方派熟练工人来接管这几天的施工，美方施工人员可暂撤离。薛德洛克同意了沈的意见。沈即派有开山经验的石工30多人，清理乱石的民工20多人，进驻工地。石工懂得各种岩石纹理和石层构成规律，沿石层纹理打眼，装上美国炸药，分批点火放炮。经过三昼夜不停地用钢钎大锤打眼放炮，终于炸出了一条岩石通道。美国工程技术人员无不佩服。薛德洛克上校说：“我们和中国工程师、工人打交道两年，对他们由衷的尊敬，因为他们能在物资缺乏、非常困难的情况下不计个人得失，勇敢地去完成任务。”

龚继成和薛德洛克在中印公路上

援华车队行驶在中印公路上

1945年1月19日，经铲土机运走新寨崩岩乱石后，平整出一条3米宽的卡车路面。密支那至腾冲之间的公路段终于全线通车了。比军委会要求2月底通车的期限提早了40天。中美筑路队人员在37号界桩处胜利会师。中方在国界处搭起了一座牌坊，用中文和英文写着“到东京之路”（The Road To Tokyo），表明此路开通的军事目标与战略价值，令人过目不忘。美国新闻记者忙着为中美筑路的领导人龚继成、薛德洛克等在国境交界处合影。从密支那开来的车队经过牌坊开往昆明，沿途经过腾冲、保山等地时都受到热烈的欢迎。22 日夜晚到达昆明。这是中印公路北线的第一次通车。从昆明经龙陵、密支那到列多全长 1568 公里的中印公路全线贯通。北线公路通车时，时任英国首相丘吉尔、驻华美军新任总司令魏德迈都发来了贺电。中印公路胜利抢修通车的消息极大鼓舞了全国军民抗战必胜的信心。

缅甸芒友公路会合处指路牌

在缅北，国外远征军孙立人部在美英盟军的配合下，斩关夺隘，一路南下，于 1944 年 12 月 5 日攻克八莫，随即对南坎发起攻击。南坎是日军在缅北据守的最后一个据点。攻防之间的战斗十分激烈。日军多次组织自杀性反攻，均遭击退。1945 年 1 月 14 日，我军攻克南坎。由皮克少将率领的美国工兵和来自滇缅公路抢修复路队的队员合作努力，修复了从八莫东进的公路。1 月 27 日，中美盟军同时到达距畹町 20 余公里的缅甸芒友镇。缅北反攻战获得全面胜利，同时宣告中印公路南线也已筑成通车。

中国远征军孙立人将军（左）和卫立煌司令在芒友胜利会师

援华车队驶抵昆明受到市民热烈欢迎

图片中的缅甸芒友的指路牌，显示西去南坎可达八莫、密支那。北上畹町，连通滇缅公路可达保山、昆明。南下腊戌，可直达曼德勒、仰光。指路牌是中印公路南线贯通的标志。

中国驻印远征军“X 军”和国内远征军“Y 军”在芒友胜利会师。远征军将领和美军在华将领与驻防部队长官，共同在芒友集会，庆祝胜利。

1 月 28 日，中印公路全线通车典礼在畹町中国境内举行。国民政府行政院副院长宋子文专程从重庆飞抵畹町主持通车典

昆明举行中印公路通车庆祝大会。中间站立者为美国魏德迈将军、龙云省长，主席台前排左二为龚继成先生

昆明市民夹道欢迎援华车队

礼。他代表中国政府祝贺中印公路通车，并向全体为这条路的修通作出贡献的将士和员工致敬和慰问。来宾中的美国将军们对中国远征军和筑路员工与盟军密切配合、不畏艰险、不怕牺牲的精神表示高度赞赏。通车典礼举行的当天，蒋介石在重庆电台作广播演讲中，将中印公路命名为“史迪威公路”，以表彰他的功绩。

通车典礼完毕后，美国车队在皮可将军的率领下直奔昆明。2月3日，抵达昆明。当车队经过昆明金碧路时受到道路两侧成千上万市民的热烈欢迎，次日昆明市政府举行了盛大的欢迎会。先生和他的战友们，以及美军的代表都出席了欢迎会，受到英雄般的款待。中美英盟军统帅部对先生在抢修中印公路和修复滇缅公路中所做出的功绩给予高度评价和赞扬。中印公路从昆明往东延伸与川黔公路连接经过贵州靖隆有名的24拐可东去贵阳北上重庆。

中印公路有北线和南线之分。北线从密支那向东经腾冲、龙陵接上滇缅公路去保山、昆明。南线从密支那往南过八莫、南坎与滇缅公路上的畹町相接。北线从印度列多至昆明全长1568.3公里。南线从列多至昆明全长1731.7公里。北线比南线短163公里，可缩短运输时间。但南线大部为老路基，路况良好，行车速度较快。北线通车五个月后出现塌方，运输量逐渐由北线转入南线。从中印公路通车到日军投降共运进援华物资达5万余吨。

中印公路的胜利通车，是盟邦与中国合作完成的伟业，是二战中世界反法西斯战争历史上的一件大事。它粉碎了日本妄图切断滇缅公路，封锁中国对外的陆路交通，使中国屈服、投降的迷梦。它不仅对中国战场而且对东南亚战场产生重大影响。修建这条公路的将士、工程师、民工所表现的英雄气概和建立的伟大功业，是永远值得后人纪念的。

第五章 铺设中印油管

Pu She Zhong Yin You Guan

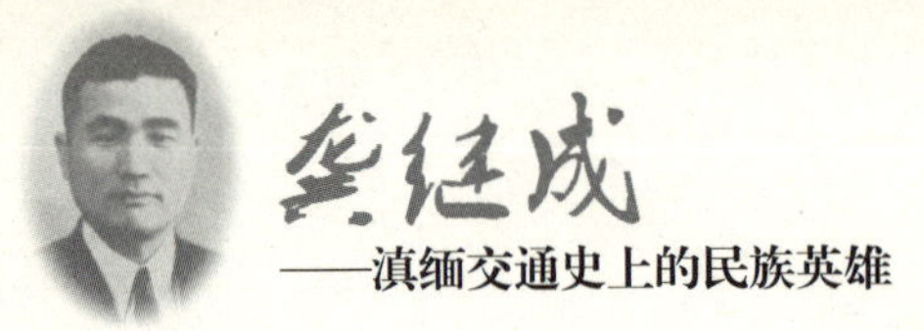

龚继成

——滇缅交通史上的民族英雄

在抗日战争时期，中国最为缺乏的军用物资是汽油，无论是军用飞机，还是汽车，都需要大量汽油。在滇缅公路通车时，所运进中国的物资中汽油占有很大的比重。公路运输被切断后，缺油情况愈加严重。美国“飞虎队”和以后的14航空队集中了上百架运输机向中国输送汽油，但飞机运油比汽车陆运运量小，本身耗油多，每次飞行只能剩下20%至30%的油量，国内缺油状况未能有大的改善。大批军车和民用车辆不得不改用酒精做燃料，也有的车改为木炭车。在川、滇、黔设有酒精厂，生产酒精，而酒精产量仍然有限。汽车改用

从印度用运输机将燃油运进中国

代用品后，因燃料性能的差异，动力不足，很多改用后的汽车上坡时还需要人下车推，速度比牛车快不了多少。

美国工兵用轨道车散布油管

太平洋战争爆发后，中国对日抗战成为反法西斯全盘战略的重要组成部分。中国战区的缺油问题，影响了中缅印乃至整个东南亚盟军的对日作战计划。1943 年 8 月，同盟国首脑于加拿大魁北克开会决定在修建中印公路的同时，铺设自印度加尔各答经缅甸至中国昆明的中印输油管道，以供中国战时用油。中印输油管道初定全长 3200 多公里，当年 12 月部分工程开工。大部分工程直到 1944 年 3 月方开始着手。于是，中印油管和中印公路同时成为紧急军事工程。

中方任命龚继成先生为中国国民政府军事委员会战时运输管理局油管工程处处长，负责与美方商定油管勘察、铺设事宜，以及人员培训和进度计划。经先生与美方商定这条油管的起点为印度的加尔各答港坞内巨大的运油船，从船上将油灌进油管，向中国输送。从云南畹町开始大体沿滇缅公路走向铺设至昆明，随后延伸至曲靖沾益地区，中国境内全长约 1100 多公里。中印油管总长为 3200 多公里，是当时世界上最长的油管。中国境内的油管施工由中方组织实施，请美方派工程技术人员来华进行指导。工程处成立后，先生任命由英国学习回国的朱国洗先生和童大埙、张元恺先生任副处长，分工负责油管线路勘测施工和人员培训。由于当时滇西还被日军侵占中，无法进行油管铺设，于是着重进行人员的培训和保山至昆明间的部分勘测工作。在保山举办学习班，分别由美方和中方的工程师讲述油管的铺设技术和油管的维修管理以及输油方面的知识，并组织了考察学习小组飞赴印度实地考察美国工兵和施工人员铺设油管的技术和施工经验。当时在印度的油管铺设是采取机械化施工，用轨道车输送油管，

民工铺设中印输油管

中国境内一处大型储油场

因此进度很快，到 1944 年春印度境内的油管已基本完成了铺设。

油管是美国制造的无缝钢管，重量较轻，二人可扛一节。油管节与节之间，以螺栓扭紧，保证无隙漏。全部油管由美国用飞机运到印度，再以汽车沿中印公路运到各分段铺设。油管每节长 20 英尺[1]，有 3 英寸[2]和 4 英寸两种口径，每公里约需 164 节油管，共需 492,000 节。这些油管和节头等材料，全部由美国配套装运过来，从印度经缅甸至中国。油管铺设多数裸露在地面上，少数掩埋地下。

在中印油管的铺设线路中，密支那至昆明这一段，原计划是由密支那进入中国

❶ 1 英尺 =0.3048 米。

❷ 1 英寸 =0.0254 米。

铺设好的中印输油管

境内后沿着腾冲、保山的这段中印公路走向铺设。由于中国驻印远征军攻克缅甸八莫，战局好转，国内远征军又攻克芒市、畹町，同时美方的铺管部队已将油管铺至畹町附近。因此中美双方决定将中国境内的油管南移，改在畹町接管，顺着原滇缅公路走向铺至昆明。

1945 年 1 月，工程处将油管铺设沿线分成若干工程队。每个工程队配有工程师6～8人，工程人员500～1000人。在施工前，先生亲自审查了各工程段油管线路的走向，经研究在多处地段采取截弯取直的定线技术，在很多公路弯道处，油管不随公路弯道，而改为直向铺设，这样就减少了油管铺设长度。由畹町至昆明实际铺设长度为690公里，比起畹町至昆明的滇缅公路全长959.4公里缩短了269.4公里，大量节约了油管和工务劳动，取得了改进质量、提高效率的良好成果，受到美方油管专家莫尔斯中校的赞许。

在中国境内，油管铺设要越过三千米的横断山脉，跨过水流汹涌的澜沧江、怒江，经过的线路多是荒僻艰险、瘴疠疟疾地区，有些地段数十里无人烟，在无水、缺盐、无蔬菜的生活条件下，随队的美方人员吃罐头，中国职工吃粑粑、饭团。当油管铺至森林地带时，中国工人先以刀斧开路，驱走毒蛇猛兽；在距村庄和公路较远的地方，夜晚不能回宿，美方人员建起帐篷，中国职工烤火度过寒夜，次日仍精力旺盛地积极工作。中方职工能适应艰难环境，在羊肠小路扛起一根近百公斤重的油管，能平稳行走，而美方人员空手步行尚感危险。油管开始铺设时，美方要求我方每天完成六

当时中印公路上的临时加油站

公里，而我施工队以每日铺设十五至二十公里的进度向前铺设，博得美方的赞扬和信心。加之美方只输送不铺设，一切工程均由我国担任。美方人员对中国工程人员吃苦耐劳的精神极为佩服。

油管从畹町进入国境后，翻越刚刚收复的滇西龙陵松山，跨怒江，爬上孩婆山，进入保山坝，穿过保山城，再过老营山，飞越澜沧江。由于地处横断山脉和怒江天险，施工难度很大，尤以澜沧江上架设油管最为艰难和危险。工程队员先用橡皮船运送有关机械和工具过江，在江东西两壁距江边六七十米的半坡，各固定一道两排六根管桩，将跨越江面的钢绳用绞盘将其绷紧，然后在西岸逐节装接油管，套在钢绳的滑轮上，用绞盘牵引过江，完成油管铺设。先生在指挥油管铺设的同时，与负责中缅段油管铺设的美方指挥官莫尔斯上校共同研究商定加油站和油池的数量和位置。鉴于保山是滇西抗日的指挥中心，既有滇缅公路交通设施，又有保山机场，所以油管附属设施较多，有 18 个加油站，另有九个油池。在龙陵境内有三个加油站和三个油池，每站有两台汽油发动机。从澜沧江往东，地势较为平坦，经过祥云、镇南、姚安、楚雄、广通、禄丰、安宁七个县到达昆明。所经地段共建有抽油站 20 个，储油池 20 个，各油池储量在 2500 至 5000 桶之间。最大的油池在昆明，建有数个，储量为 10000 桶的油池。1945 年 4 月，中印油管为供应昆明附近各卫星机场的用油，又由昆明向滇东延伸至加油较多的沾益与沿途的曲靖、陆良等机场。油管路线延伸 280 公里，这些地区的汽车和飞机可就地加油运往黔、桂、川、渝，无需自载油料或由昆明运油供应，极大提高了运输效能。

在中美合作铺设油管的全部工程中，因气候恶劣、疟疾流行，各工程队虽配有医务人员和药品，患病缺勤者仍多。美方因病死亡

中国、缅甸、印度交界地图

本图参考中国地图出版社 1999 年 6 月第二版《东南亚地图》。

者6人，中方死亡者12人。

1945年5月，油管全线接通。在通油前，先以水试输，流通良好。6月1日，中印输油管道正式输油。抽油输送、通信联络、油管巡查和管理，由美军油管联络处美方人员和滇缅公路油管工程处所属总段负责。中方沿线驻军也参与警备巡逻。输油初期，油管接头泄油和盗油案件时有发生。经过军警人员对盗油者的严厉打击和加强对油管的监督检查和宣传教育，盗油事件逐渐减少。从此，在中印公路上行驶的车辆可在加油站加油，原用于运油的车辆可用来装运其他军用物资，美国14航空队的战斗机和轰炸机燃油供应有保证，可以在更大范围内轰炸日军基地，也有条件直接飞去日本本土作战。

5月31日晚上，中美两国的油管工程队人员在昆明市篆塘新村举行“中印油管通油联欢晚会”，以示庆祝。龚继成先生和在昆明的美方负责人雷纳尔森少校以及中美油管专家和工作人员都参加了联欢会。龚继成代表中方感谢美方在铺设和供应油管工程中对中方的援助和支持。中印输油管实际全长为2977公里，是战时世界上最长的油管。中美油管工程队只用了半年时间就建成输油，是了不起的伟大成就。大家都深信最后战胜日本侵略军已为期不远了。

中印油管通油后，据《十五年交通概况》一书的统计，不包括印缅战区的用油，向中国境内的输油量每月为18000吨，每天平均输入600吨。至11月份停止输油为止，中印油管总共输入汽油、柴油、润滑油等油料约10万多吨。

随着中印公路和中印油管相继建成，中国远征军相继调回国内战场，在湘西会战中重创日军。中美空军不断袭击日军的运输线和基地。在华北八路军的游击战、地道战更趋活跃频频打击日军，使

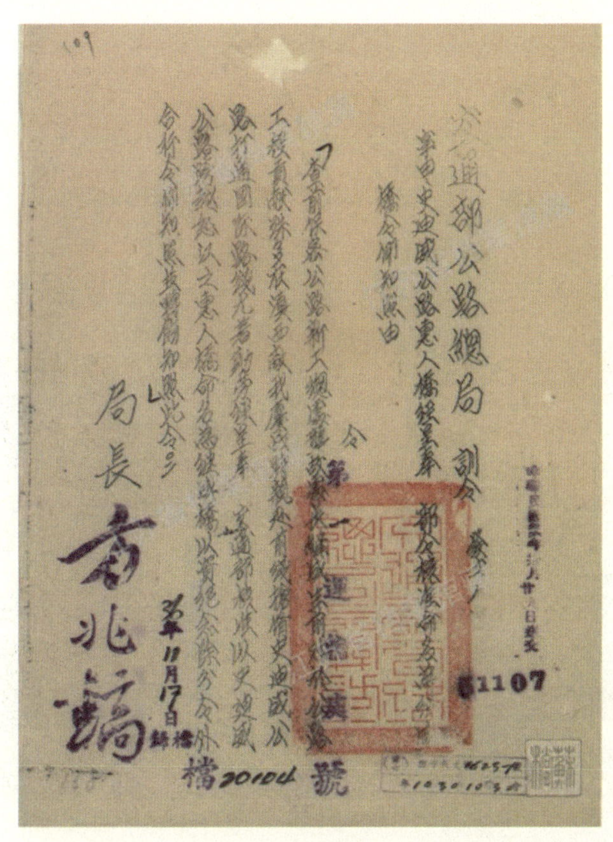

惠人桥命名“继成桥”令

日军疲于奔命。中国抗日战争由守变攻，形势发生了根本性变化。

在欧洲战场1944年6月盟军在法国诺曼底登陆，苏联斯大林保卫战由守转攻，美国在太平洋中途岛重创日军，并开始轰炸日本本土。1945年5月盟军攻占柏林，法西斯德国投降。1945年8月15日，日本宣布无条件投降。世界反法西斯战争取得完全胜利。

龚继成先生一生谦虚和气，平易近人，克己奉公，以身作则，他衣着简朴，从表面看他不像位“高官”，而更像是一名抢修队工人、他不怕辛苦，不畏艰难，勇挑重担，团结、带领了大批优秀的工程技术人员和干部奋战在第一线，在打通国际通道、争取外援、支援抗战方面做出了卓越贡献。由于长期担任紧急工程任务要职，先生呕心沥血，不顾疲劳，致罹高血压症。亲

继成桥是保山至腾冲间跨越怒江的一座重要桥梁

友们劝其休息疗养，但先生总以国事为重，唯恐影响工期，不肯稍息，导致 1945 年 10 月 18 日，因血压突增，脑部溢血，抢救无效，与世长辞。

为了纪念龚继成先生的一生功绩，当时国民政府交通部特将 1945 年开工、1948 年建成、跨越怒江的惠人桥，命名为“继成桥”。

后　记

Hou Ji

龚继成

——滇缅交通史上的民族英雄

在抗日战争初期，谁也不会想到地处我国西南边陲大后方的云南省，会成为抗日战争的前线，会成为我国与日军进行交战的主战场；也不曾想到滇西公路上跨越怒江天险的惠通桥会成为敌我双方决定胜负的关键桥梁。为了封锁、切断我国的对外通道，日军曾对惠通桥进行疯狂轰炸，使该桥遭受严重损毁，但都被我方及时修复通车。1942 年，日军从缅甸攻入滇西，正欲强行通过惠通桥直逼昆明时，我军果断炸毁了惠通桥，整座桥梁坠入江中，阻敌于西岸。

著名的横跨怒江的惠通桥

老桥总是与新桥相伴，有扶上马送一程之意。老桥是第二次世界大战期间的功勋桥——惠通桥，是滇西人民抗日战争的历史见证，其凝铸着的厚重的历史气息使人心生敬仰。新桥是建于20世纪70年代的红旗桥，显示出现代桥梁的雄美壮伟。

1944年夏，我军在滇西进行大反攻时，在敌人炮火的攻击下，我抢修队以最快的速度修复惠通桥并通车，使后援部队、辎重车队以及后勤物资源源不断地通过该桥奔赴前线，从而取得了滇西战役的胜利。惠通桥突显其在军事上的重要价值，是抗日战争中的功勋桥。

插页照片上的右方是当年战争时期的惠通桥，它现在已不通车，被保山市列为重点文物保护单位，专供造访者参观瞻仰。左方是1974年5月新建的红旗桥，位于惠通桥下游400米处，现在是320国道上的重要桥梁。中间的河流是怒江，在河流的上方是当年敌我惨烈交战的松山高地。置身于图片中，仿佛能听到当年那响亮的军号声，军民们万众一心奔赴惠通桥，冒着敌人的

惠通桥遗址前迎来远道而来的寻访参观团队

美国二战老板重返惠通桥

炮火前仆后继，冲向敌阵，终于全歼守敌，将日军全部驱逐出国境。

在盟军的支援下，我施工队抢建完成中印公路、中印油管和军用机场，使援华物资源源不断运入我国，彻底粉碎了敌人企图封锁、消灭我国的阴谋。美国的轰炸机从此也可以从中国机场起飞轰炸日本军事基地和日本本土，最终取得抗日战争的彻底胜利。在滇西这片土地上，凝铸着的厚重历史气息令人心生敬仰。为了纪念在滇西大反攻中与敌军拼死搏杀、英勇牺牲的将士们，在松山、腾冲、施甸、龙陵等地建有抗日烈士国殇公墓和纪念馆大小十几处，其中以腾冲国殇公墓规模最大。2003 年，重庆建立了史迪威博物馆，纪念他对中国抗战所做出的贡献。

在惠通桥遗址举行的纪念活动
左起：王征宇、龚大路、龚启惠、季启美、龚铜、龚长桥

腾冲抗日纪念馆龚继成像

滇缅公路，这条抗日战争期间唯一的国际通道，现在已改建为320国道，很难找到原公路的遗迹。在抗日战争胜利后，世人瞩目的中印公路完成了它的历史使命，不再承担输送援华物资的任务，已作了大范围的改造。在日本投降后，中印油管停止了供油。云南境内的油管大多被拆除改成农田水管，或改作它用。呈贡等军用机场，后来由于不适合民用，很多已不复存在。

但是，在滇西这片土地上，当年先辈们不怕牺牲、克服万难、艰苦奋斗，在盟军的支援下出色地完成了多项紧急军用工程，为打败日本侵略军作出了卓越的贡献，他们的功绩将永远为后人赞颂和纪念。

呈贡机场遗留的石碾子

继成桥是一座主跨为140米的钢索柔性吊桥，总长178米，净宽4.1米。它位于保山市道街乡与潞江乡交界的怒江上，在惠仁桥下游2公里处，是保山至腾冲间的一座重要桥梁。为了纪念龚继成先生的功绩，当时的国民政府交通部特将新建成的惠人桥命名为“继成桥”，此桥名一直使用到1966年。“文化大革命”运动中，继成桥被改名为东风桥。

龚继成先生去世后，灵柩被运回上海安葬。他的三个男孩龚启英、龚启苏、龚启华和两个女孩龚启莘、龚启蕙在季玉如夫人的悉心抚养下，都先后接受了高等教育，学成就业为社会服务。其中，长子龚启英在父亲的影响下也考入了唐山交通大学铁路系，在大学三年级时曾去腾冲中印公路抢修现场实习一个月。他与施工队员一起夜宿帐篷，亲眼目睹施工队伍和民工们奋力抢筑中印公路的动人场面。

他们都深深热爱和敬仰他们的父亲并为他感到骄傲。

龚继成全家合影

参 考 文 献

［1］白山．血线［M］．昆明：云南人民出版社，1992.1.

［2］保山地区行政公署交通局．保山地区交通志［M］．昆明：云南民族出版社，2001.6.

［3］王楚英．军碑一九四二［M］．北京：京华出版社，2009.6.

［4］史迪威公路［M］．牟之先［加］，凯莉·汉姆著．重庆：重庆出版社，2005.8.

［5］方之今．血战滇缅印［M］．北京：解放军出版社，2005.7.

［6］章东磐．国家记忆［M］．太原：山西人民出版社，2010.10.

［7］王琨楼．保山桥话［M］．昆明：云南人民出版社，2010.3.

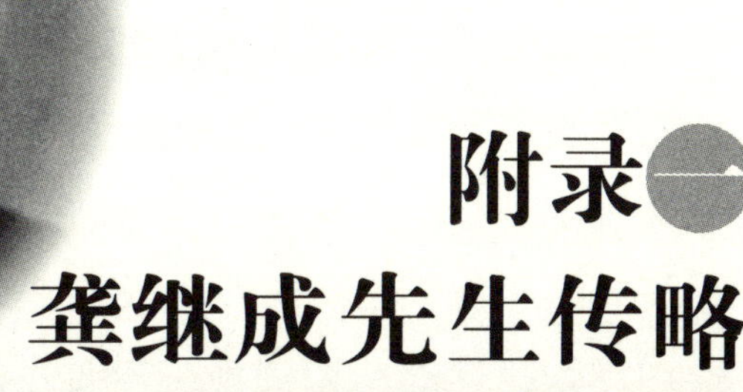

附录一 龚继成先生传略

Gong Ji Cheng Xian Sheng Zhuan Lue

金鸿畴

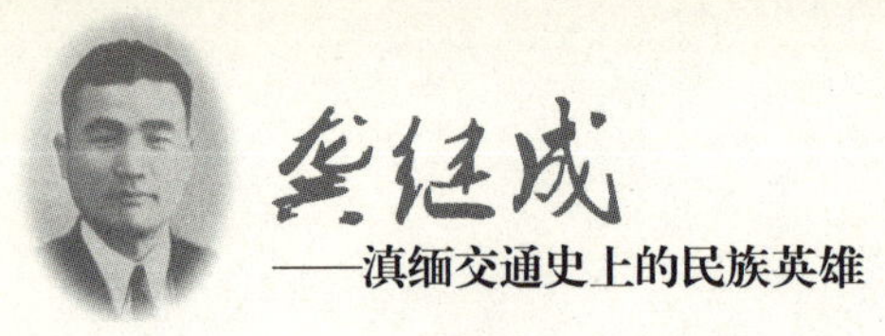

龚继成

——滇缅交通史上的民族英雄

龚继成先生，字骏声，1900年出生于江苏省海门县农村的一个普通家庭。1923年毕业于唐山交通大学土木工程系。毕业后分配至津浦铁路北段，后派在沈海铁路担任工程师。他好学勤勉，工作积极，深得上级好评。1929年调往杭江铁路（后改为浙赣铁路），担任测量队长，动工后任金华第一总段总段长兼尖山桥工处处长。1933年，瑞典地质专家斯文·赫定来华，要求国民政府铁道部派两名高级技术人员参加组成考察组，先生被选派并前往新疆勘察。那时中国西北边陲，浩瀚沙漠，荒无人烟，气候变化无常，交通很不方便，大家视为畏途。部领导深知先生平素能吃苦耐劳，就派他和尤寅照先生与斯文·赫定及地质学家陈宗器先生等一起进入新疆，历时年余，途中几经断水断炊，备尝辛苦。先生坚持不懈，克服困难，终于完成了新疆至甘肃铁路的勘察任务。1935年调任陇海铁路工程局第一总段总段长，兴修由西安至兴平段铁路。在辖境内，铁路途经咸阳渭河，需要在渭河上建一座全长500米、16孔、26.1米下承式钢梁，限期在次年汛期以前完成。任重时促，为了赶工，先生将工段总部由西安迁至渭河之滨，就近指挥施工，得以按期完成。

1937年，国民政府铁道部派他勘测由宝鸡至成都铁路线，初以航空视察，继之陆地测量，翻越秦岭，坡陡谷深，山势险恶，选线甚为困难。时值隆冬，气候严寒，山岭气温常达零下二十多度，先生不畏艰苦，率领测队员工，坚持工作，拟选了几条穿越秦岭的比较路线，为解放后修筑宝成铁路定线工作，奠定了良好基础。

1937年抗日战争爆发。是年冬，先生调任全国铁路运输工务处副处长。1938年又调到汉口交通部技术厅，负责新路设计。由于当时武汉已接近抗日前线，国民政府为打通大西南后方交通，筹建滇缅铁路。先生选线经验丰富，有独到之处，颇有名声。乃于同年先生被调到滇缅铁路第二总段担任总段长，辖境在昆明以西七十公里，地处崇山峻岭，地形复杂。当地人烟稀少，物质缺乏，先生力主就地取材。没有水泥，烧制红土，用红土石灰代替；没有枕木，伐树砍制。在辖境三十余公里范围内，就有隧道四座，高架桥七座，都在他的自力更生、就地取材的方针下完成的。当时，国民政府还准备修建新疆至苏联的铁路，于是先生组织大家学习俄文和回文，这在当时是难能可贵的。

1940 年，日寇由越南（当时称安南）进攻侵占老街，从而切断由云南进口物质转运入川之势。当时国民政府交通部邀请先生等共商大计，先生平时熟悉地形，乃携带西昌、祥云公路路线图到重庆定案。1941 年，先生被调任西康省西昌至云南省祥云的西祥公路工程处副总工程师兼会理办事处主任，主办西康省境内段长 264 公里的公路，以与乐西（四川乐山至西昌）公路相衔接，该路对抗战物质运输关系重大。凭藉他的经验和组织能力，仅用八个月就建成通车，为当时中国公路建设史上奇迹，受到当时交通部通电表扬。

1942 年，滇缅铁路西段兴建，当局调先生担任西段第二工程处处长，驻云南省云县。施工地段，多在瘴气严重、恶性疟疾猖獗境内，人们咸有戒心，视为畏途。而先生则以国家利益为重，毅然受命。该段工程正在施工之际，日寇攻陷缅甸，侵犯我国滇缅边境，占领龙陵县，滇缅铁路西段被迫停工。先生又奉命调任云南呈贡飞机场施工委员会主任委员，两公里长的块石基础、石灰土灌浆碎石跑道和十二座机堡工程，只用了六十三天即完成交付使用，曾获得当时政府嘉奖。

1943 年，日寇飞机对滇缅公路狂轰滥炸，急需组织力量抢修，当局乃升任先生为滇缅公路工务局局长兼总工程师，并兼保密公路新工总处处长及油管工程处处长，抢修中印公路（又称史迪威公路）云南保山至缅甸密支那一段，并铺设原定平行于保密公路的原滇西公路的油管工程，以便接通印度的加尔各答港，输送进口汽油，均按时完成，保证了抗战物资的输入。先生同时还兼任四川丹竹、简阳、绵阳等飞机场工程处处长均按时完成任务。当时，我方与美军会同决定准备打通滇缅公路，美军与交通部协议组成滇缅公路工程队。我方相应在下关成立了滇缅公路工程总队，由先生兼总队长，李温平任副总队长代行总队长职务。

在滇缅公路期间，虽然公务繁忙，但先生仍致力于自力更生，组织领导科研工作。在昆明北平研究院严济慈先生和五十一兵工厂的大力协助下，由陈庭祐工程师具体研究，经两年多时间，试制出我国第一台国产经纬仪，1944 年经中国土木工程学会年会鉴定，授予先生金质奖章。其后又在昆明继续制造了一批水平仪及经纬仪，为解决当时后方缺乏测量仪器的困难，起到了积极的作用。

1944 年，为了配合远征军在滇西大反攻，先生率桥梁抢修队及时修复了怒江上的惠通桥，并随反攻进展修复滇缅公路。

1945 年 1 月初，保密公路抢修完成。1 月 19 日，中印公路全线通车。滇缅公路工程局副局长兼保密公路第一工程处处长沈来义随同美国试车车队到昆明报捷。同年 6 月 10 日，油管工程相继完成，通油至昆明，后又延长至呈贡、沾益，这是先生在抗日战争中打通国际交通线，增强抗日力量的一项重要功绩。当中印公路通车至缅甸时，缅甸政府特制一面锈有“中缅”二字的绸旗赠给先生，表示对先生的赞扬。

先生一生谦虚和气，平易近人。他深入工地与员工同甘共苦，克己奉公，事事以身作则，关心群众生活；艰苦奋斗，孜孜于后方建设。由于长期担任紧急军用建设任务，先生呕心沥血，不顾疲劳，致罹高血压症。亲友同事劝其休息疗养，但他总以国事为重，唯恐影响工进，不肯稍息，导致1945年10月18日，血压突增，脑部溢血，抢救无效，与世长辞，终年45岁。安葬于上海虹桥公墓。

为了纪念原滇缅公路工务局局长龚继成先生的一生功绩，原交通部特将保密公路上的“惠人桥”（1945年开工，1948年建成）命名为“继成桥”。

先生为一代著名工程师，在当时中国堪称楷模。他培育人才，泽及后世。一生培养了数百名中、青年工程师，解放后大多担任重要工程技术工作。

如今斯人已去，爰为文誌之。

注：金鸿畴为天津市政工程局公路交通史编委。此篇文章写于1986年7月。

附录二 一位特殊的校友龚继成先生

Yi Wei Te Shu De Xiao You Gong Ji Cheng Xian Sheng

陈兰荪

楔　子

三十多年了，玉如姨母仍旧住在那老地方，一眼看上去已很颓败了。那是一个萧瑟的冬天下午，日影淡淡，永巷寂寂，我正打算按着门牌找过去，抬起头来，陡然地远远望见，一个白发皑皑的人头，在一个二楼的窗前张望，不必再仔细辨认了，这一定是我幼年昵称“好爹”的玉如姨母。她接到了通知，正倚窗等候我这个少小离家、现在已两鬓繁霜的甥儿哩。我眼眶里的酸泪，不由自主地顺两颊流了下来。

航空旅行的时差，将日夜倒了过来，耳朵里有姨母喃喃的语声，眼皮不知不觉地垂了下来，但我并没有睡熟，觉得一条毯子盖上身来时，我就睁开倦眼，她爱怜地拍拍我的膝盖：

“你归你养神，我归我讲话。”

“你问那些勋章，乱糟糟不知搅在那里去了，你姨爹如活着，也一定不会在乎那些镀金牌子的，我所以也就没有摆在心上了，不过现在提起来，倒起码应该把名称、国度记下来，让子孙晓得一下。”

“记不记得那些国度？”

“记不齐了，好像美国、英国、法国都有的。”

“是呀，我来吊孝时看见有一大盘，放在遗容前面。”

“这些不要去说他了，我看过你《交大友声》上写的文章，你姨爹自小喜欢你，你应当花一点功夫，把他一生的事，拣紧要关目上的记点下来，至少让你的表弟妹和他们的子孙，有一个存录，知道他们的父、祖是怎样的一个人。”

龚继成先生行述

当工程师是一项工作艰辛而酬报未必甚厚的行业。但在十九世纪上半期的中国，凡是成绩好而有才气的青年，十之八九要进大学工科，而社会风气也一致鼓励。如果谁家的子弟考进了工程科系，父母引为自豪，亲友齐声赞许，齐辈一致钦羡，大有一登龙门，身价百倍之慨。现在回顾起来，恍然领悟出这风气的历史背景。当时从满清末年到民国初年这一段时期，大体上以先后两次中日之间的战争为始终，即甲午之战和八年抗战。在那半个世纪中，中国一而再、再而三地受到外力凌辱，作为中国国民，尤其是知识分子，都有亲身的屈辱感、愤懑感。因此，广大的知识分子已放弃追求的名、利、权势这种目标，而是投身科技，迎头赶上别人，让自己的国家和张牙舞爪的列强有公平竞争的机会。这种意念的强弱，随人而异。大多数人把它当作一种迷蒙的、下意识的愿望，直觉地认为这是男子汉、大丈夫该学，该做的事，难以多少个人成就感。但对少数杰出之士来说，工程是一种武器，当工程师是投入一个战斗，摩顶放踵，鞠躬尽瘁，不要说名、利、权势等视为尘土，就是生命也未必放在心上。现在我为文追溯的龚继成先生，就是其中一个典型的例子。

在抗战的最后两年中，龚先生任滇缅公路局局长兼中印公路工程处处长、中印油管工程处处长和军事委员会所属工程委员会总工程师以及呈贡、丹竹、白市驿、简阳等军用机场工程处处长，于日本投降后的两个月，突发脑溢血，死于任上，享年仅四十五岁。我现在以虔诚的敬意，列举他生命的最后两年中一身所兼领的职衔，绝不是借此褒扬他——以我所知的龚先生，对这些是完全不屑一顾的。我不过藉以说明一个事实，龚先生确确实实是累死的，忙死的，我相信任何人都会同意，这是非常人所能承担的任务，而他以血肉之躯一肩承担。尤其是这四大工程，和当时的军事枢机，国家命脉，息息相关，犹如古代立下军令状一般，许进不许退，许成不许败，而且一连串立了四条军令状，可以想见精神上的压力，体力的透支，都超出了极限以外，像一根绷紧的弓弦，如何能不崩溃？不过我也确信龚先生死而不怨，死而无憾，他为他的国家，献出了生命；为他的母校，树立了榜样；为他的家族，留下了荣誉；为他的后人，立下了楷模。他达成了时代赋予他的使命。虽存世仅匆匆四十五年，他的功业，不论在历史上有无记载，也自于默默中千古不朽了。

龚先生是我的姨夫，龚夫人季玉如女士是先母的堂妹。从襁褓中起，我就得到玉如姨母的宠爱。她于归龚氏，我大概是五六岁，已稍懂人事，在外婆家人们的口中，听到这位季家新女婿是唐山大学毕业的，从姨夫讲话的神态，隐隐约约的觉得这唐山一定是个了不起的地方。

早期，姨夫在杭州铁路做事，我家在镇江、上海、无锡等地住，姨夫间或来探望一下。在我的印象中，这位姨夫嗓门宏亮，衣着落拓，一顶呢帽，在手里揉来捏去，皱得不成样子，脚上的皮鞋，前后跟都磨白了。小孩子家，天真烂漫，暗暗为从小亲昵的姨母报不平。有一次，我偷偷地问母亲：

“龚家姨爹是不是很穷？”

“你怎么知道姨爹穷？”

“怎么他的帽子皮鞋都是破的？”

“小人家子勿要瞎说，姨爹已经做了总段长了。”

“总段长是不是交关大（吴语是很大的意思）？”

“当然交关大，侬大起来做到总段长，姆妈就蛮开心了。”

自此之后，我就渐渐明白，做大事体的人，并不一定要像我做银行的父亲，永远是衣冠楚楚的。随着年龄一年一年大起来，我对姨夫的作风，从懂得而敬重了，而同时对他也有些怕起来，因为这位磊落不羁的姨夫，直爽得使人吃不消。每次到我家来，他一定当着我父母之面盘问我的功课，过得去就没有什么，稍微差一点就会现开销（上海话指直言回击，不留情面）：

“兰荪，你说你大起来也要进唐山交通大学，不用功那能进得去？”

那时我的面红耳赤，就可想而知了，所以每次听说姨爹要来，就要自我盘算一下，这次过不过的了这关，后来逐渐体会出一个道理来，受奖还是受责，其实在于我自己，光担心是没有用的。

到进初中时，我有好几年不见姨夫的影踪，从大人口中，听说他被国民政府铁道部派去跟瑞典籍的地质学家斯文·赫定勘探蒙古新疆一带地区，这件事的性质及目的如何，我所知不详，仅从姨夫事后的口述及旁人的传说，他们曾迷失在沙漠里，杀马喝马血济急待援，也曾被盛世才监禁起来，险些送了性命，这是一段惊险艰苦的经历。那时姨夫才三十三四岁的英年，诚如孟子所说：“天将降大任于斯人也，必先苦其心志，饿其体肤，空乏其身”，我想这段历练，对他一生行谊，澹泊自甘，坚忍不拔的性格，有密切的关系。

新疆回来后，姨夫的工作调到陇海铁路西段，再调勘测陕西宝鸡到四川成都的路线，工作地区，一步一步向西南移，与国家被侵，退保西南的势态，不谋而合，造成他以后的风云际会。1937年抗战爆发，国民政府不久就内迁汉口。龚先生被调任全国铁路运输工务处副处长，并在交通部技术厅负责新路设计。日军沿江进逼，国民政府再迁重庆，龚先生就调去国家的后门，担任滇缅铁路局第二总段段长去了。

在这段时期，由于工程难度大，工期又紧，为了按时按质完成任务，龚先生在工作上不怕苦，不怕难，表现出一位工程技术人员和管理者的非凡气质和吃苦耐劳精神。我可以用几个例子来描述它：他勘测宝鸡成都线，要越过秦岭，崇山峻岭，陡坡深谷。时值隆冬，山上气候常在摄氏零下十二三度左右，他率领了一批测量人员，索性搭了茅蓬常住在山上工作，终于选定了穿越秦岭的比较路线，为以后宝成铁路的选线提供了重要资料。另一次，他在陇海西段的渭水上造一条桥，必须在来年的洪水期前做好桥基。一经钻探，发现河床纯为砂砾卵石的积层，坚硬密实，桩木难入。龚先生现找参考资料，自造了一架水力喷射机，以高压水力冲开卵石积层，顺利将基桩打入。他就职滇缅铁路，当地人烟稀少，物资缺乏，他力主就地取材，没有水泥，就烧红土，用红土和石灰代替；没有枕木，就地伐林自制，在他的辖境里，就有七座隧道、五座高架桥是利用这种土材料造成的。

他这种苦干、硬干、快干的作风，得到了本国及盟军的军政领袖中一致赞扬。现在55岁以上的人，大多会记得，抗战后期，沿海的口岸全被日本人占据了，大后方已成为抗日的前线，对外交通，只剩缅甸一条线。从仰光经瓦城、腊戍，进入国界而东，经昆明、贵阳而达战时陪都重庆，这条路兜了一个大弧形，而且是唯一的通道。在战略上不得不防范未然，于是国民政府决定从滇西的祥云，造一条路北达西康的西昌和已有的西昌乐山公路衔接，从后面进入四川。这任务就落在龚先生肩上，而龚先生也展现了异乎寻常的才华和毅力，5个月之中，在崇山峻岭中造成了三百公里长的西祥公路。那时昆明流传一句话：龚继成造路，从动土到通车，一天平均两公里。当然，那时军情紧急，国家命脉所紧，动员的路工成千成万；但在当年简陋的工具设备，极复杂的地形的情况下，这就成为轰动一时的奇迹。龚先生以此受到国民政府交通部通电表扬，从此，龚先生成为赶工的名家。接下来的是，紧急的任务，一件接一件交到他手上，他在六十三天中造好呈贡军用机场的两公里长的跑道及十二座飞机库；抢修滇缅公路时，以十八个昼夜修复跨越怒江的悬索桥。为此，为了嘉奖龚先生的功绩，国民政府将原名“惠人桥”明令改名为“继成桥”。

在那时期的前后，我听到好几位追随龚先生工作的校友说：当时美国的罗斯福总统在致东南亚盟军统帅蒋介石委员长的私函中，特别提及并推荐龚先生，称誉他是“中国第一流的工程师”。这个文件，在政府汗牛充栋的档案中，当然已难于追寻了，但当时圈内人言之凿凿。我在一个机会中曾问起姨父，他淡淡地一笑：“这种事情有啥要紧”。我就没有敢再追问下去。事实上，以他辉煌的壮志和事功比较之下，这种插曲确是无关紧要的了。

1942年，日军占领缅甸，将我国最后一条的对外通路截断。那时龚先生是滇缅铁路西段工程处处长。从那时起到1945年日本无条件投降为止的三年中，中国从挣扎图存，最黯淡的低潮，一步一步反败为胜，配合了盟军将日本侵略军赶出中国。龚先生身居要冲，就大忙特忙起来。跟随反攻的节奏，有几桩大工程要齐头并进的：一是大后方通往缅印的交通线，该修的修，该造的造，抢修惠通桥就是其中的艰巨任务；二是铺设从印度阿萨密到云南的输油管，龚先生负责国境内的东段；三是修建反攻所急需的军用机场。因此在同一时期，龚先生身兼数职，真正地做到“鞠躬尽瘁，死而后已”的八个字。

龚先生一生谦逊和易，和他勇猛无前的任事精神成强烈的对照。在我的记忆中，他只有过一次豪语：

“我手下有上千个工程师。”

那一段时间，交大土木系的毕业生有了个大储藏库，没有别处去或不想别处去的，只要去向龚先生报到，他都热烈欢迎。龚先生是韩信将兵，多多益善。只有我自己碰了钉子。抗战胜利了，我从翻译官退役下来，一时没有去路，就去看姨父，他听了我的来意，就摇摇头。

“我看你还是不要跟我的好。”

这句话使我当场一呆，接着他点出了关节所在。

“你是我的姨甥，又是我的寄儿子，这种关系就是你不讲人家也会晓得的，我要你做到在别人的眼里，这两重关系一丝一毫都不剩，有难的苦的你当先，有好的甜的你轮最后，排头吃起来比别人加倍，你自问能熬得住吗？”

“我相信能做得到。”

“和你的爹娘我也要讲在前头的，你是个独子，不要为了带你上路反把好亲戚弄得不开心了。”

“爹爹姆妈绝对不会的。”

“话讲在前头总是好。现在政府已内定给我一条路做，你去答应了汤先生先到善后救济总署的芷江分站去暂时做几个月，等一切停当了我会通知你。”

这是我和龚先生最后一次的谈话，也是最后一次的见面，也是我最后一次得到他的训诲，“不以私害公”这五个字，鞭策了我一生。

龚继成先生年谱

1900　生于江苏省海门县常乐镇，讳继成，字骏声。

1923　毕业交通大学唐山工学院（时称唐山大学）土木工程系。

1924 至 1929　津浦铁路北段实习。沈海铁路任工程师。

1929 至 1933　杭江铁路测量队长。杭江铁路第一总段段长。协助钱塘江大桥勘测及拟定施工方案。

1933 至 1935　随瑞典地质学家斯文·赫定前往蒙古新疆勘察天山南北铁路公路路线。

1935 至 1937　陇海铁路西段工程局第一总段段长，自制水力喷射器处理石河床。勘测宝鸡至成都铁路路线。首次采用航空测量与地面测量结合的选线法。

1937　全国铁路运输工务处副处长。

1938　交通部技术厅新路设计工作。滇缅铁路第二总段总段长。用红土石灰混合代替水泥造成隧道七座，高架桥五座。

1941　西祥公路副总工程师。5 个月时间造成长 270 公里的西祥公路，交通部通电表扬。

1942　滇缅铁路西段第二工程处处长。日军侵陷缅甸。呈贡机场工程委员会主任委员。呈贡机场在六十三天中完工，政府传令嘉奖。

1943　滇缅公路局局长兼总工程师兼中印公路新工程处处长。

中印油管工程处处长。军事委员会工程委员会总工程师兼丹竹、白市驿、简阳军用机场工程处处长。政府明令怒江之悬索桥，原名惠人桥更名为继成桥。

1945　十月十八日，突发脑溢血逝世。

注：本文刊登于《台北交大之声》杂志，1986年8月8日。

附录二 纪念一位工程界人物龚继成先生

Ji Nian Yi Wei Gong Cheng Jie Ren Wu Gong Ji Cheng Xian Sheng

《中央日报》记者

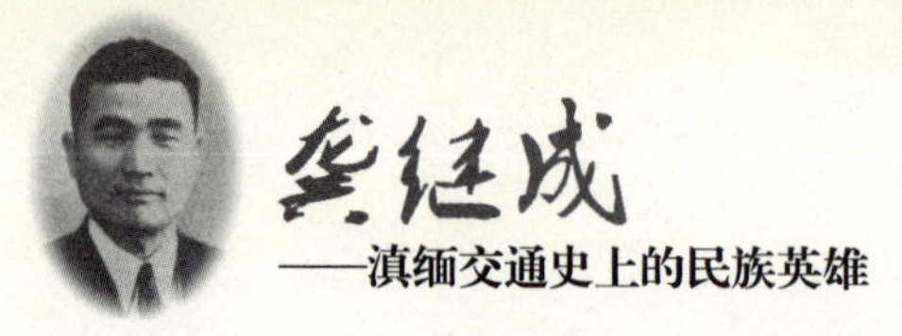

龚继成
——滇缅交通史上的民族英雄

民国三十四年（1945 年）五月，世界上完成了一件伟大艰巨的工程——中印油管。远在去年，全世界的人就曾听到过从加尔各答到缅北输油管完成的消息。这一段油管的完成，使缅北的战事加快了步调，使“史迪威公路”恢复通车。以后由中国工程师接手，在美国工程队的协助下，又把这油管伸长了四百英里（即 644 公里）。他们使这油管越过了海拔九千尺（即 3000 米）的高山，解决了崇山峻岭、窄峡深谷所给予敷管工程的困难，克服了酷暑及严寒的困人气候，终于得到了最后的成功。全长三千余公里，刷新了世界最长油管的记录，将使亚洲，在世界工程地图上雄踞王位！更值得一述的，是它的完成，解决了飞越“驼峰”的危险，增加了中美反攻需要的军事汽油供应，形成了这一次伟大战争的转移。

这一件伟大的事实，犹如这次战争中的一首伟大史诗，写下了工程上不可超越的传奇和丰功伟业。今天我们已看到这史诗所揭示的结果，已感受到由战争进入和平的欢欣。只是我们有没有忘记，谁是这史诗的创作者？谁是这伟大艰巨工程的制造人？不幸的是今天我们再一次提及这件辉煌事业时，我们已不能亲见缔造这事迹中主脑人物的龚继成先生了。他把享受留给人间，他自己却脱离了人世。于此我们只好藉以文字来一读龚先生的生平，以增加我们一些对这不朽工程中的不朽人物的怀念。

龚继成先生，江苏海门县人，于民国十二年（1923 年）毕业于唐山交通大学，离开学校后就在津浦铁路实习。民国十四至十八年（1925—1929 年）间任沈海铁路工程师。在校时就以实学勤奋见称，出校后实际工作的经历，更增加他对工程上的兴趣和发展。于是一往无前，成为了工程界一位卓越的斗士。民国二十二年至二十四年（1933—1935 年），随瑞典地质学家斯文·赫定赴西北考察甘肃、蒙古、新疆等省，对于上列各地之地形、地质、气候、雨量、风土、人情、物质、政济，研究颇详，甚为熟悉。尤其是对于公路及铁路线之应如何选定，独有心得。对将来开发全国交通，补增公路铁路网方面，留给我们不少可资助之处。民国二十四年至二十六年（1935—1937 年），任职陇海铁路工务段总段长，兼宝成铁路测量队长。民国二十六年至二十七年（1937—1938 年），任军委会铁路运输司令部工务处副处长。民国二十七年至三十年（1938—1941 年），任滇缅铁路第二总段段长和西祥公路副总工程师，一手勘定西祥公路部路线。民国三十一年至三十二年（1942—1943 年），任军委会工程委员会云南呈贡机场工务处处长和广西丹竹机场工程处处长。呈贡机场，是美空军重轰炸机在华的基本机场之一。龚先生接手修建后，开工仅六十三天，即将全部场面、跑道滑行道、疏散道、停机地、机堡等工程修竣完毕。这空前的速度，曾使中外人士同声钦佩。那时美空军机于此场起飞，长征敌国，远炸日本。桂境丹竹机场，亦复如此。龚先生于接收命令后，只五十八天就抢修完毕，以应盟军的需要。对于抗战，龚先生确有不可磨灭的功勋。

民国三十三年（1944 年）的夏天，我军在滇西开始大反攻，敌人在滇境内盘踞松山，持险顽抗，相持三月不下。正在这个时候，龚先生出任滇缅公路工务局局长，兼总工程师、抢修队总队长。他率领干部、工程员工，在敌人炮火下，出生入死，冒险抢修。怒江惠通大铁索桥，于十八昼夜不断工作中，即架设完成。于是我军的大炮才能通过，集中力量，轰炸松山，这才克复了松山。如此艰巨的桥梁工程，修复如此快捷，当时在场的美籍工程师，都不得不为之钦服。同时在远征军沿滇缅路前进时，每攻克一城一地，工程员工就能于二十四小时内将该段公路抢修完成通车，以使后方军需得能源源陆续接济。此一时期内龚先生所完成的任务，足可以与浴血战士同不朽。

民国三十三年（1944 年）十二月，龚先生又率领修筑由腾冲至密支那一段中印公路。奉命后，亲率员工，尽全力以赴。费时只四十日，即完成全线三百余公里之单车道。于一月十九日，卡车由密支那驶入国境，不需绕经八莫、畹町，而可由腾冲直达昆明。大批车队随即陆续内驶，军用物资得以尽量内运。据闻由密支那至列多一段公路，长约四百余公里，由美方皮可少将主办，经二十四个月始告完成。今保密公路长三百余公里，仅 44 日即行打通毛路。前者每英里需美金一百六十万元，而后者每英里约合法币六百五十万元，仅折合美金一万元左右。以时间与经费两者互相比较，其得失如何。龚先生的伟大成就，也由此显出。

当去年（1944 年）中美决定敷设一条世界最长的油管，横贯中印大陆，以解决中国战区油料的供应问题。油管工程在当时中国还是件新鲜的事物，即使在那时外国也是近年才有的设施。龚先生以“保密公路新工总处油管工程处”处长的身份，又出面担负这一件新奇而重要的工作。在美方的协助之下，龚先生不但不显生疏，反而创造了一个伟大奇迹。除克服工作上种种难以克服的困难外，工程人员还要和自然环境奋斗。当大雨来时，大水浸霪；当太阳起时，晒得皮开肉裂。此外，还有毒蛇野兽的威胁，疟疾的蔓延，蚂蝗的骚扰，形成种种可怕的灾害，但是都没有使他所经手的工程停顿过。终于，这位艰苦卓绝的匠师，以他征服自然缔造人类幸福的惯有精神和毅力，迅速完成了这一伟大艰巨的工程。我们亲眼看见过“喂饱”了汽油的飞机，在敌人头顶上和战区内轰炸，终于打败了敌人，取得了胜利。我们可曾想到过那是谁的赐与？

而今胜利了，未来建国道上，有更多艰巨的工程，必须需要更多不畏艰巨的匠师来担负。龚先生却在此时离开了人间，撇下了他未完的任务。他生前带给我们不少无比成就的光辉，他死后留给我们一种难以弥补的损失。这是工程界的不幸，祖国的不幸。让我们为这位伟大匠师的离去而哀悼吧！

注：载于《中央日报》1945年12月16日第五版。

附录四

一个有才华和充满实干精神的筑路专家

——缅怀龚继成先生

Yi Ge You Cai Hua he Chong Man Shi Gan Jing Sheng de Zhu Lu Zhuang Jia

季启申

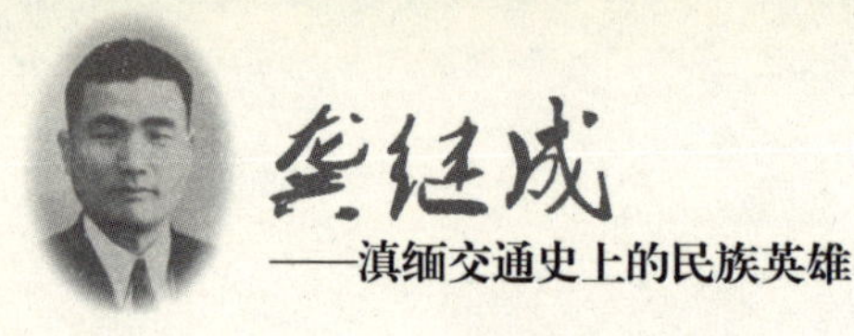

龚继成

——滇缅交通史上的民族英雄

一番精彩的生命，如同一部动人心弦的大片，于情节层层展开之间，主题步步提升，起伏回荡，姿彩纷呈，当剧情达到最高潮时，嘎然而止，让人激动感叹，怀想无穷。

我们大家所怀念的龚继成先生的一生，就有着这样的精彩。

龚先生在世只有46个春秋。有意思的是，好象事先精心设计过一般，这46年，从他大学毕业、投身事业为界，前、后半生恰好都是23年。而他的23年职业生涯，又可以10年为一个周期，分成3个阶段，各阶段都特征鲜明，由低端向高端逐步演绎推进，最后定格于最高点。

关于龚先生青少年时期的史实，我们知之甚少。只知道1900年7月8日（农历六月十二日）他生于江苏海门常乐镇。这个寻常的小镇，现在被称为“状元故里”，因为清末民初的著名人物张謇也诞生在此。张氏名满天下，海门人更是引以为荣。一来，他乃皇帝钦点的状元郎、名副其实的“破天荒”；二来，他坚持实业救国、教育救国，成绩斐然，大大改变了家乡面貌。传记作家在分析张謇性格特征时注意到：常乐镇的历史并不悠久，大约在清代雍正年间，这儿还只是长江北侧新出现的一片沙洲。随着渐次连片成陆，人们来此生息，才逐渐形成规模仍然很小的集镇。这里的居民都是“客籍”，他们大都是从江南来此地开垦的移民。江岸涨坍的变化无常，使这些移民很少有“安土重迁”式的追求安逸宁静的保守心态，却增加了一份忧患意识，以及顽强抗争、勇于进取的开拓精神[1]。联系起来看龚先生其人其事，似乎也印证了这一点。他何以选择交通工程建设为终身事业呢？除了时代潮流如此之外，很可能还受有这位乡贤前辈的影响。这该不失为一种合理的揣测吧。

龚先生的后半生又是如何度过的？有着怎样的经历和成就呢？

第一个 10 年（1923—1932 年），可以称为“积累期”。刚走出唐山路矿学院大门时，他与现今许多刚毕业的大学生一样，没有背景、没有人脉、没有经验。从津浦铁路的实习生做起，后到沈海铁路当工程师，再至杭江铁路当测量队长、总段长。可以肯定，经过这 10 年磨炼与积聚，他已经崭露头角，不然怎会入选由斯文·赫定率领的西北地质公路查勘队？当时受国民政府铁道部委派的中国工程师只有 2 名，龚先生为铁路工程师，另一位尤寅照先生是公路工程师。

第二个 10 年（1933—1942 年），不妨名之“升华期”。他进入新疆等地勘路、探险、考察。一年零五个月时间，一万六千公里行程，与斯文·赫定等世界一流大学者，与尤寅照、陈宗器先生等国内业界精英，朝夕相处、合作共事，历尽了千辛万苦、九死一生，使他的视野、器识、抱负、意志、才智、体能、心理素质等等，无不大大提升。新疆归来，又投入到陇海、宝成、滇缅等多项铁路建设，在每项工程中都有新的不同建树。最脍炙人口的，莫过于 8 个月建成西祥公路 264 公里长的北段，63 天建成呈贡机场 2 公里跑道、12 座机堡。

最后 3 年（1943—1945 年），显然堪谓“喷发期”。他受命于危难之际， 他同时膺任滇缅公路工务局局长、总工程师、抢修总队总队长，中印公路工程总处处长，中印油管工程处处长，以及其他许许多多职务。众多战时工程责任集于一身，任务艰难繁苦。但他事事做得有声有色、卓有成效，赢得了世人尊崇。不幸的是，终因劳瘁而溘然长逝。

新疆勘路，是龚先生一生事业的大关节、大转折，——所以有必要补充几句。按照古代圣人孟子的说法，上苍要安排某人担当大事，必定先让他在精神和肉体上吃许多苦、受许多磨难，目的是增长其意志与能力。这叫做“天将降大任于斯人也，必先苦其心志，劳其筋骨，饿其体肤，空乏其身，行拂乱其所为，所以动心忍性，增益其所不能。”而新疆之行，仿佛就是老天爷对龚先生的刻意考察与锤炼。

关于此次勘路与探险，斯文·赫定曾有多种著述，内中多处记录了继成先生的言行事迹、音容笑貌，详实而生动：他深明大义、恪尽职守，断然谢绝新疆土皇帝盛世才的慕名邀请和种种利诱；他临危不惧、从容应变，为保护同伴挺身而出，哪怕头上飞着呼啸的子弹；他能通过分辨蹄印，准确地推测该骆驼是驯养、还是野生，同伴们由疑而信，惊奇不已；他用双手在罗布泊荒漠上探掘出一泓清泉，被查勘队命名为“龚井”，并树牌作为标识。可见，龚先生所展示的德、才、学、识确已胜人一筹，他完全能胜任更艰巨、更重大、更高层次的担当。以后的事实也证明了这一点。

此次勘路的成果，成为后来建造兰新铁路和天山南北公路的依据。另外，还有一个“副产品”：由尤、龚、陈三位先生合著的《绥新勘路报告书》，于 1935 年出版。因该书具有重大史料价值，备受后人珍视，近年被收入《中国西北文献丛书》和《国家图书馆藏清代民国调查报告丛刊》，从此其流传更加广泛而深远。

要说龚先生生命最后 3 年的事业与贡献，非得从滇缅公路讲起不可。当时的中国真正是“命悬一线”，这“一线”，就是滇缅公路。因东南沿海皆已沦陷，该路便成了中国与外部的唯一国际通道。战时所需军、民用物资，如：汽油、煤油、柴油、橡胶、汽车配件的百分之百，钢铁的百分之九十五，药品、棉纱、白糖、纸张的百分之九十，武器弹药的百分之八十，都来自海外，几乎全靠滇缅公路输入。正是为了保卫这条公路，中国远征军开赴缅甸，后又大举反攻，终于将日寇逐出国门，以六万多将士的壮烈牺牲，书写了惊天地、泣鬼神的铁血战史。国人千万别忘了，在这部战史中，还有龚先生及其抢修队留下的光辉一页。滇缅公路抢修总队“常随军在前线工作，每攻克一城，本路员工皆能在二十四小时内，将该段公路抢修完成通车，俾给养不断，故同人等在猛烈炮火下，冒险工作，均抱死里求生之牺牲精神而抢修公路及怒江大桥，故工程进展甚速。”[2]这里所说“怒江大桥”就是有名的惠通桥。1944 年 8 月，当局命令继成先生负责，务必在 31 天之内完成该桥重建，这是滇西缅北反攻战役的关键工程。结果，经他出色的组织和指挥，只用 18 个昼夜就告完工，整整提前了 13 天。修通当天，中国远征军总司令卫立煌将军即在龚先生陪同下前来视察。架桥如此神速，不仅出乎日军预料，就连盟军也深感意外，刮目相看。试想，如果没有龚先生和他的抢修队拼命抢修保畅，中国远征军的人员、辎重又怎能源源不断运往前方？至于中印公路、中印输油管线，都是根据中印缅战区总参谋长史迪威将军提议，由中国与盟国分段合建的，也都是为了替代滇缅公路，弥补其不足。作为中国方面工程总负责的龚先生更是殚精竭虑、呕心沥血。可以这样说：继成先生所做的这一切，无一不是在为垂危的祖国打造“补给线”、“输血线”、“生命线”，无一不是在为滇西抗战胜利打造战略反攻通道、“通往东京之路”。“交通决定战争”，这是二次大战中盛行的军事理论，经受了战争实践的验证。美国名将麦克阿瑟将军说：“现代作战系工程司（师）作战”。此言深得继成先生欣赏。[2]如果我们也能领会其中含义，那么，对龚先生，对他所创功绩的意义，就会有更加准确而深刻的认识。

抢修滇缅公路、抢通中印公路、抢铺中印输油管道，一一都是世界反法西斯大战中著名的战时工程，对抗战胜利起到重大作用。一个工程技术人员倘能参与其中一项，已经很光荣；而能负责其中一项，就更了不起，足以名垂史册；而继成先生则是一身同时肩挑这三副重担，各项工程全都完美奏捷，怎能不让人肃然起敬呢？时代成就了龚先生，为他提供了一个报国、建功、立业的平台，而龚先生没有辜负时代，他奉献的不仅是卓越的业绩，还有他全部心血才智，乃至生命。那么，建立了如许勋绩的龚先生，究竟是怎样一位工程师？有着哪些出类拔萃之处呢？！

继成先生是一位学业精深的工程师

他的技术专长是勘路、选线、筑路、架桥，包括铁路和公路。20 多年的实践，使他在这个专业领域里积累了丰富经验，建树多多，负有很高声誉，就连盟国工程专家也不得不佩服。试举一例：对于中印公路某段线路的定勘，龚先生与美国所派督工薛德乐克上校有着不同看法，但因一时无法统一，只得先按美方意见实施。结果，施工中遇到不少问题，甚至还有一名中国工程师因此遇难。事后反思，显然龚先生的意见来得高明，薛德乐克上校心悦诚服地称赞他为“中国公路和铁路定线工程师的巨擘”。[3]

继成先生是位苦干加实干的工程师。

他的吃苦耐劳、认真扎实是出了名的。早在西祥公路工地上，他就像一个普通民工，“晒得浑身都起了疙瘩，脸上也起了泡，真是劳苦卓著”，[4]连前来视察的上司见了也感动不已，以至在隆重的通车典礼上还特别提及、赞不绝口。抢建中印公路最紧张的那些日子，他住在破旧的帐篷中日夜办公，某天大雨过后，推门望去周围竟有 20 多具尸体——都是因饿病而夭亡者。龚先生最反感的是坐在办公室里，对着地图想当然、瞎指挥，他将自己的两条腿比作“狗腿”，很“贱”，毫不怜惜，于是始终不停地奔波在各施工现场，掌握着最实际的情况。

继成先生是位充满工作激情和创造才华的工程师。

他为国效力心切，对工作总奋不顾身，别人不做的，他做。龚先生回忆："油管工程时，人多以经济等困难，无人愿意负责，我万难中奋斗……。"[6]他从不惧怕工作有多困难，总能想方设法，创新突破。陇海铁路开筑时，设计制成高压水力喷射器，解决了卵石河床施工难题；宝成铁路勘测中，采用航空与地面测量结合的选线法，成为国内首创；建造滇缅铁路，材料极端匮乏，便就地取材，以烧红土与石灰混合代替水泥，自行伐树制造枕木；当中印公路建设前期，鉴于许多路段尚在敌军控制之下，遂争取当地士绅支持，到敌后尝试"分段兴修"的方式，最后以44天时间一举打通；历经无数次勘路实践，深苦大后方测量仪器不足，便指导研制成功我国第一台经纬仪，并组织批量生产，交通部特颁金奖鼓励，……。

还有值得一说的是：继成先生参加的西北公路查勘队，是中国第一支以汽车为交通工具的勘路队、科学探险队；他主持完工的中印油管工程（中国段），是中国第一条输油管线；他负责建成的中印公路后段（从缅甸密支那至云南保山），其投资规模为国内历来同类工程之最，是中国第一次大规模机械化筑路，也是中国第一次到国外筑路。这么多"第一"、"首创"和开创性的工作，无处不闪耀着龚先生的开拓精神和创造天赋。

继成先生是位富于组织才能、领导艺术和人格魅力的工程师。

他所承担的并非单纯的技术工作，还有重大的领导职责。严酷的环境、严紧的工期，众多的内部管理与外部沟通，以及诸如人、财、物等一系列问题，全都考验着龚先生的领导能力和综合素质。中印公路开工初期，工程预算虽被批准，而款项却迟迟不下来，让人焦急万分。无米之炊，巧妇难为。但龚先生有办法："为便利工程起见，个人向各方借款,至四万万五千万元,困苦不堪。……,领得工程款后,清理垫款,并大量征集民工,正式赶工……。”[7]

为了催促拨款,他带员亲赴重庆,花了48天时间,争取到50多个公章加盖认可,方始告成。谁能知晓其中有多少辛酸与委屈,消耗了多少心血与精力?由于龚先生运筹得法,被工程款项延误的时间终于弥补回来,中印公路还提前竣工了。

当时,在继成先生领导下工作的“包括着成千名工程师、七百名技术员、八百名业务员和其他各种专门人才”。[8]他们都是抱着救亡图存的壮志与决心,从四面八方汇聚到大西南来的,许多人都学有专长,其中不少人还是海外学成归来的“海归”。龚先生总是来者不拒,满腔热忱地欢迎和接纳他们,为他们提供发挥聪明才智的空间。他常说:“我们的成功是靠着比较有组织,而且我手下的工程师都比我高明,没有他们,我们不太容易成功。”[9]龚先生非常爱惜员工,对自己所率领的团队充满感情。当中印公路第一测量队赶赴战争前线时,他“徒步送行几里,难分难舍,形同永诀,因为是把测量人员送往战地腾冲,彼此间有生离死别的苦楚。”[10]这是个“风萧萧兮易水寒”的悲壮时刻,龚先生的感召力、凝聚力一定给人印象深刻,否则,怎么事隔60多年,仍还有人记得这个细节呢?!

在继成先生旗下,还有另外一支大军,即被征召而来的民工,人数最多时约8~9万人。长期的工作实际,使龚先生对民工们有着切实了解,深知他们疾苦,深知稳定这支队伍的重要。因此,在中印公路等新工程中,他总结了自滇缅铁路、西祥公路以来的经验教训,制定了较完善的管理办法,保证民工们能有最起码的现金收入,还可得到一些最简单的医药服务。在当时条件能做到这些,实在难能可贵。那时,中印公路工地上,还流传过一个真实的故事:

在公路必经的原始森林里，时有老虎出没，而民工对老虎一向敬畏，不忍伤害它。有好事者想起唐朝的时候，潮州刺史韩愈因鳄鱼危害地方，特地作了一份檄文，将之驱逐出境。于是，便假借龚继成局长的名义写了篇《祭老虎文》，并义正词严地焚香祝祷一番。据说，相当灵验，从此虎患真的绝迹了。且慢说这个传说何等幼稚可笑，其中至少折射出龚先生在当地人心目中的威望。

中国素以人口众多著称。芸芸众生之中，肯吃苦、能耐劳的大有人在；相对而言，有真本事，了解实情，并能埋头实干的人，则要少得多；而满怀热情、有远见卓识，敢于并善于开拓创新的人，更是少而又少。至于以上数者兼备，并能完美集合发挥的人，可谓凤毛麟角，十分稀罕。当代学者评说龚先生，誉之为“一个有才华和充满实干精神的筑路专家。”[11]确实，继成先生就是这种“创新型”、“复合型”、“紧缺型”的人才。这样的人才不做大事，谁做大事？这样的人才做不成大事，谁能做成大事？“时世造英雄”，此话不假，但还不完整，所以还有另外一说：“机遇只垂青有准备者。”龚先生既得时世机遇之推助，其本身又是一个“有准备者”，于是成功了。

历史不会忘记1945年1月19日，这天继成先生和他的助手们早早来到中缅边界第37界桩处，迎候盟军试车车队。中美双方技术人员在此会合，全都激动无比，随即一起驶向保山。沿途民众夹道欢呼，庆贺中印公路贯通。1月28日，中国政府与盟国在畹町举行了盛大通车庆典，向世界宣告：中印公路正式建成通车。《大公报》评论称：打通中印公路“是一个艰苦的不可想象的战斗场面，血汗加上无比忍耐力创造出来的奇迹，中国的陆军、工兵与民工是打通中印公路的主要动力，美、英两盟国亦给予我们甚大之协助。”最高当局在重庆发表《纪念中印公路开辟成功》的广播演说：“我们中国3年来遭受的封锁，现在终于被我们打破了。中印公路的工程，即使在平时完成，也是一个极伟大的奇迹，何况当此战时，在一千公里长距离之间，一面要节节打破敌寇坚强的阵线，一面还要对最恶劣的气候和最险峻的地形作各种不可克服的斗争。这一工程的完成，就是我们联合国在东方大陆上战胜日寇的基础，也是我们中国排除日寇桎梏的象征，而对于我全国军民乃是一种极有力的精神鼓励，就敌国日本来说，这是他们军阀整个失败的先声。”他还提议，将该路命名为“史迪威公路”。——从此，这条公路举世闻名。

历史也不会忘记1945年6月7日，这天中印油管正式输油了！对于饱受缺油之苦的中国，不啻“久旱逢甘霖”。这条起自印度加尔各答，迄于云南昆明的管线，全长3000公里，为当时世界第一。其中，中国境内长达700公里的浩大工程，其施工难度，并不逊于中印公路，继成先生重任在肩，知难而进。“动员近三千名中国工人和五万多民工昼夜苦干，先后越过绵延二百余公里、海拔近三千公尺的横断山脉，渡过波涛汹涌的澜沧江、怒江……。”[12]时路线所经之处，多为荒僻艰险、疠瘴疟疾区，有些地段甚至数十里没有人烟，还有就是广袤的原始森林。“开始铺设时，美国人希望我方每天能完成六公里，而我工程处以每日铺设十五至二十公里之速度，发挥高度之工作效率，故良好之成绩，博得美方对我国工作人员之信心，加以美军分布不敷，一切工程，均由吾国担任。”[13]龚先生所贡献的这一工程巨作，每天可输入的油量，相当于1万辆10轮卡车的运载量，从根本上缓解了大后方的“油荒”，“使濒于瘫痪的我国公路汽车运输恢复了活力，解决了中、印、缅战区盟军的战时能源困难。”[14]它在国计民生和战局等各方面的非常意义，不言而喻，无法估量。

继成先生生前，就曾被人称誉为“中国的皮可少将”，但“他却拒绝接受这光荣”。[15]因为事实确如龚先生一再强调的那样，打通中印公路，靠的是民众支持、盟国帮助和整个队齐心协力，不能归功于他一人。话说那位刘易斯·皮可少将，他是全美国公认的排水防洪专家，被史迪威将军点名请来主持中印公路前段（从印度利多到缅甸密支那）建设，历尽千难万险，终于成功，声誉鹊起。1945年2月4日，昆明万人空巷，全城沸腾，热烈欢迎首支通过中印公路到来的盟国车队。继成先生和皮可少将一齐登上主席台，与民同庆。不难想象：此时此刻，联手打造这条著名公路的两位总工程师握手欢聚，一定异常激动，格外亲切，惺惺相惜，感慨万千。当时的媒体盛赞“史迪威（公）路是工程天才与实干苦干的纪念碑”，[16]确实道出了继成先生和皮可少将——这两位杰出工程师的共同之处。

《三国志》里说诸葛亮“食少事烦，其能久乎？”意思是：饭吃得这么少，而承担的事务却这样繁重，能得持久吗？那么，继成先生又何尝不是呢？工作、生活条件之艰苦姑且不说，仅那些压在身上的军令状，限时限刻，沉沉甸甸，容不得半点疏忽与懈怠，就足以将精神意志稍弱者压垮；更何况，三大工程夜以继日地同时推进，几万建设大军等待调遣指挥，端的是千军万马、千头万绪。对一个高血压症患者来说，这些都是致命大忌，但龚先生又怎能退避畏缩呢？中印公路试通车的那天，他坐吉普车视察线路，见到竣工在即，心头稍微宽松，竟睡着了。一个急转弯，他被抛到了田野上。龚先生爬起来，拍拍身上尘土，揉揉眼，说声“我太疲倦了”，一上车又呼呼入睡了。屈指一算，他已经连续5天5夜未曾合眼！——任何一个血肉之躯，其负荷总有极限。好不容易支持到抗日胜利的那一刻，目睹自己主持建设的工程全部完工奏效，目睹山河重光，继成先生再也支撑不住了，他倒下了，再也不能起来，这一天是1945年11月22日（农历十月十八日）。

继成先生是因脑溢血在昆明巡津新村2号寓所故去的，但这和战死沙场、马革裹尸又有什么区别吗？没有！他们同样地英勇壮烈、可歌可泣，同样无愧是为国捐躯的烈士、千秋景仰的国殇！噩耗传出，朝野震悼。昆明、重庆、上海三地分别举行追悼会，其中以陪都重庆最为隆重，参加者三百余人，并议定由茅以升先生主编龚氏纪念册。《中央日报》发表专文，备述先生在抗战中的劳绩，感叹道："他生前留给我们不少无比成就的光辉，他死了更留给我们一种难以弥补的损失。这是工程界的不幸，祖国的不幸，也是全人类的不幸。让我们为这位伟大匠师的离去而哀悼吧！"[17]中国工程师学会将1945年度"中国工程荣誉奖章"授予龚先生，以表彰他在中印公路和中印油管工程建设中的伟绩。该奖项为当时中国工程技术界的最高奖誉，极具权威性与公信力。每年得主限定一名，更显殊荣。国民政府于1946年3月为他颁发褒扬令，以示国家轸念勋劳、崇报功臣之厚意。次年10月，交通部命令将横跨怒江的新惠人桥易名为"继成桥"。这条中印公路上最长的桥梁，解放前滇境最长的钢索吊桥，自1945年初始建，于1948年5月18日建成通车。从此，不仅天堑变成通途，为山河增色，而且等于特地为龚先生建造了一座纪功碑，他的英名与中印公路更紧密地联系一起了。人们站在桥上，听怒江之水，日夜奔腾，永远不歇地传唱着龚先生及其同事们所创建的不朽功勋。

对于祖国交通工程之落后，继成先生一直耿耿在心，他曾大声疾呼："中国的建设不能再拖下去了！"[5]他憧憬抗战结束之后，自己能再到大西北去，去修一条快捷的铁路；再者，建一条输油管道，让玉门的石油源源直输内地。可惜，壮志未酬、长才未展，龚先生竟大去了。人们为他扼腕叹息。不过，换个视角，他短暂一生的丰富经历和杰出贡献，恐怕是多少工程师几辈子都梦不到、做不了的啊！人生皆有限，论生命的长度，龚先生也许不及常人；而论生命运行的效率与质量，所迸发的能量，所达到的高度，却是常人远及不上龚先生的！——这么一想，也就在痛惜中有了一份欣慰。

1945 年冬，龚夫人季玉如女士率全家扶柩东归，定居上海，并安葬先生于虹桥公墓，祈祷神灵永绥。不料 20 年后，竟遭遇文革浩劫，整个公墓尽皆夷为平地，无一幸免。1989 年龚夫人仙逝后，其子女复于近郊奉贤之滨海古园，重构新茔，奉安双亲。其墓志曰：

滇缅公路局长龚继成先生暨夫人季玉如女士墓志

先生字骏声，江苏海门县人。唐山交大毕业后，致力于祖国铁路建设，成绩卓著。抗日战起，沿海尽为敌占，外援供应受困。滇缅公路成为国际唯一通道。而四三年又遭敌侵中断。另辟国际新线，刻不容缓。当局遂任命先生兼中印公路局长和油管工程处处长，并兴建呈贡、简阳、白士驿等机场。先生受命后遂亲率数万员工，奔赴前线，奋战五月，即抢通中印公路，为抗战胜利一大贡献，功不可没。由于集祖国重大交通建设于一身，先生积劳过度，突患脑溢血，逝世于昆明。后，交通部追缅功勋，将先生亲冒锋镝六昼夜抢通之怒江悬索桥，改名为“继成桥”。壮哉英烈，垂模后世。

夫人季玉如，江苏海门县人。毕业于南通女子师范。胸怀豁达，淡泊自甘。佐先生达成报国壮志。后期，独扶子女各有所立。

甥　陈兰荪恭撰

一九九一年十月

继成先生离世而去，已经整整70年了。他所处的时代离我们也渐渐远矣。时间的距离拉开了，不少记忆淡化了、消失了。但是，对于这段历史及人物的许多评价，倒是更加全面、客观、公正了。那些一度被扭曲、屏蔽的史实真相，也逐渐得以还原。人们重新知道了正面战场、滇西抗战、中国远征军，重新知道了滇缅公路、中印公路、中印油管工程……。龚先生的英名和丰功伟绩，也再度被人们认识和传诵。他的一生，几乎没有什么享受，没有什么闲逸，有的只是一项接一项工程，一番接一番拼搏与创造。尤其是在祖国最危急、最需要的时刻，他慷慨效命，喷发出全部光和热，屡创工程奇迹，直至功成身故。

龚继成先生，一代工程师的楷模，足以垂范后世，流芳长久，并永远被世人追思怀念。

2011年清明节 完稿

2015年9月　补正

附注：

［1］张廷栖，孟村．张謇画传．重庆：重庆出版社，2007，10.

［2］龚继成先生1945年6月在交通大学重庆分校的演讲，由陈毓汉、路启藩记录。原题为《中印公路及中印油管工程之建设》。该记录稿刊于《唐山土木副刊》1946年第9月卷，题目被改作《工程伟绩》.

［3］同［2］

［4］佚名．中印公路的中国总工程师龚继成[J]. 新世界杂志，1945，6.

［5］徐锟，冯嘉麟．战时川滇公路，云南省政协文史委员会编血肉筑成抗战路．昆明：云南人民出版社，2005，7.

［6］同［2］

［7］同［2］

［8］徐盈．当代中国实业人物志·龚继成．上海：上海中华书局，1948，2.

［9］同［4］

［10］张天亘，腾冲和中印公路，云南省政协文史委员会编血肉筑成抗战路．昆明：云南人民出版社．2005，7.

［11］罗桂环．由“哥德堡号”想到“西北科学考查团”和“绥新公路查勘队”．中国科学院自然科学史研究所网页．

［12］王鲁东，王建．师出印度——二战打通中印公路纪实．青岛：青岛出版社，1999，9.

［13］同［2］

［14］胡文义．中印油管，云南省政协文史委员会编．血肉筑成抗战路，昆明：云南人民出版社，2005，7.

［15］同［8］

［16］公诚．皮可少将和龚继成——有关中印公路的几个故事．工程杂志（武汉版），1947，3 ~ 4.

［17］本报记者．纪念一位工程界人物：龚继成先生．中央日报，1945，12，16.

［18］同［8］